―⁂―

OS ESPÍRITOS
E OS HOMENS

―⁂―

COSME MASSI

OS ESPÍRITOS E OS HOMENS

por COSME MASSI

KARDEC BOOKS
EDITORA & LIVROS ESPÍRITAS

by NOBILTÀ

DICA

Você pode otimizar o estudo deste livro *"Os Espíritos e os Homens"*, em conjunto com *"O Livro dos Espíritos"* de Allan Kardec. Caso não possua esta obra fundamental, você pode acessá-la online e gratuitamente na **KARDECPEDIA**.

www.kardecpedia.com

DIREÇÃO E PRODUÇÃO EDITORIAL: Lilian Ramos Massi
PREPARAÇÃO DE TEXTO: Cosme Massi e KARDEC Books
PROJETO GRÁFICO, DIAGRAMAÇÃO E CAPA: Priscylla Soares Nunes
REVISÃO: Gilberto Allievi e KARDEC Books

ÍNDICE PARA CATÁLOGO SISTEMÁTICO

Massi, Cosme
    Os Espíritos e os Homens : Diálogos espíritas / Cosme Massi.
    Curitiba : KARDEC Books, 2018
    156 p.

1. Brasil: Espiritismo. Espiritualismo. Religião. Ciências da Alma. Filosofia. Filosofia Espírita. Allan Kardec. Ciência. Metafísica.

Os Espíritos e os Homens
COPYRIGHT © 2018 BY KARDEC Books
Todos os direitos reservados.
www.kardecbooks.com

Aos dirigentes e conselheiros do IDEAK,
amigos dedicados à divulgação do Espiritismo.
À minha Esposa Lilian, um presente de Deus.

NOTA

Envoltos em novidades, anunciamos este novo lançamento literário de Cosme Massi. Mais um texto escrito de maneira séria e criativa, que aprofunda e explica as obras de Kardec. Junto a esta novidade, comunicamos que a Nobiltà, em suas obras espíritas, passa a se chamar "KARDEC Books", reafirmando o compromisso de que todas as obras lançadas para o Espiritismo sejam baseadas no pensamento de Allan Kardec. A mudança de nome da Editora também é uma maneira de contribuirmos diretamente para com o IDEAK, o recém-lançado Instituto de Divulgação Espírita Allan Kardec, cujo nobre objetivo é contribuir para a educação moral, disseminação de princípios espíritas e divulgação, em diversos idiomas, de todas as obras de Allan Kardec, tanto para o Brasil quanto para o mundo. O IDEAK nasce a partir da doação dos projetos KARDECPEDIA, KARDEC Play e KARDEC Books por parte de seus criadores, a qual possibilitou a sua fundação e garantiu recursos e imortalidade por parte desses ativos intelectuais para os estudos das obras e pensamento do fundador do Espiritismo.

Para nós é sempre uma alegria publicar um livro de Cosme Massi. É um autor que sempre se supera naquilo que fornece, seja nas questões cognitivas ou em questões comportamentais. Neste texto, o autor nos entrega a beleza das paixões da alma e nos traz um deleito intelectual nas questões do mundo espiritual e do comportamento humano, todas à luz do pensamento Kardequiano.

Neste livro, o autor trata de questões espinhosas da segunda parte de "O Livro dos Espíritos" e nos surpreende com algumas colocações inéditas sobre o mundo dos Espíritos e dos homens, iniciando pela erraticidade, passando pela difícil interpretação da questão 228 sobre as paixões da alma e à conceituações inéditas sobre resignação, misericórdia divina, prece, religião, obsessão, castigo divino, o bem e o mal, e, atendendo a diversos pedidos de estudiosos que nos acompanham, nos traz uma abordagem geral sobre o C.U.E.E, o controverso assunto controle universal dos espíritos, apresentado por Kardec em sua obra. E para concluir, ao longo do enredo, Cosme Massi nos traz inserções e comentários inéditos do ponto de vista epistemológico, com toda a didática que lhe é natural e característico.

Todo esse roteiro vem embalado nos agradáveis diálogos de nossos velhos conhecidos da Estância do Pensar, local agradável onde reúnem-se os amigos para estudos aprofundados de filosofia e Espiritismo. É muito bom acompanhar novamente a mais esse encontro de amizade, a mais um fim de semana de questionamentos e *insights* de nossos quatro já conhecidos personagens, apresentados em seu último livro "Espírito e Matéria": Renê (estudioso de Kardec), Max (materialista cético), Ana (jornalista humanista) e Paulo (espírita convicto). Novamente nos trazem conhecimentos, agora produzidos em mais quatro diálogos sobre questões filosóficas, sempre tão atuais.

Esperamos que você aprecie a leitura, que aprenda mais e domine as ideias e princípios fundamentais apresentados neste livro, e que, ao final, você ainda possa utilizar-se dos aprendizados em sua vida prática, a fim de poder ser ainda mais feliz. Este é um texto para quem deseja ser cada dia melhor!

Cientes de nossa responsabilidade espírita, embarquemos novamente neste agradável e instrutivo fim de semana com nossos velhos e bons amigos...

Boa leitura!

A editora.

SUMÁRIO

17 **Primeiro Diálogo**
Espíritos errantes, As paixões da alma,
As paixões dos Espíritos, O item 228
de O Livro dos Espíritos

45 **Segundo Diálogo**
Controle das paixões, A virtude da
resignação, Misericórdia de Deus, A prece

77 **Terceiro Diálogo**
O conceito de religião, A visão de
Deus, A obsessão, O mal no mundo,
O item 551 de O Livro dos Espíritos

115 **Quarto Diálogo**
Castigo de Deus, Expiação e reparação,
O conceito de lei de Deus, O bem e o mal,
Controle Universal do Ensino dos Espíritos

12

Os quatros personagens: Renê, estudioso de Kardec; Max, filósofo materialista; Ana, jornalista; e Paulo, pedagogo, encontram-se novamente na *Estância do Pensar* para a continuação dos diálogos filosóficos em torno do pensamento e da obra de Allan Kardec[1].

---

1 Para uma apresentação detalhada dos personagens e a leitura dos diálogos anteriores, veja o livro "Espírito e Matéria" desta mesma editora "Nobiltà".

PRIMEIRO
diálogo

Logo após o café da
manhã, eles se reúnem
no salão de estudos.

1

RENÊ

Amigos, Max, Ana e Paulo, como é bom revê-los! Estou muito feliz com essa nova oportunidade de nos abraçarmos e dialogarmos em torno do pensamento de Kardec. Mais uma vez, agradeço de coração terem aceitado o meu convite para retornarmos a esse lugar encantador.

ANA

Eu que o diga! Estava ansiosa por esse novo encontro. Quando recebi seu convite, fiquei emocionada. Desde o nosso primeiro encontro aqui neste lugar tão agradável, tenho torcido para que houvesse uma nova oportunidade. Aprendi muito com todos. E, é claro, estava com saudades de vocês, meus queridos amigos.

MAX

A Ana expressou, penso, o sentimento de todos nós. Diálogos filosóficos com pessoas educadas, ou melhor, com amigos queridos, é sempre uma grande alegria.

PAULO

Isso mesmo, Max. Nosso último encontro foi responsável pela nossa amizade de hoje. Aprendemos filosofia e nos tornamos amigos. Quer coisa melhor do que isso?!

RENÊ

Agora que já tomamos o nosso café da manhã, podemos dar início aos estudos. Proponho como tema geral para os nossos diálogos o "Mundo dos Espíritos", ou melhor, "Os Espíritos e suas relações com os homens". Estudado por Kardec na segunda parte de sua obra O Livro dos Espíritos.

Inicialmente, gostaria de abordar uma questão de terminologia sobre os estados dos Espíritos no Universo. Em que situações podemos encontrar os Espíritos no Universo?

Com relação a esses estados, afirma Kardec:

> "Com relação ao estado em que se acham, podem ser: *encarnados,* isto é, ligados a um corpo; *errantes,* isto é, sem corpo material e aguardando nova encarnação para se melhorarem; *Espíritos puros,* isto é, perfeitos, não precisando mais de encarnação."[2]

Assim, os Espíritos podem ser encontrados em três situações ou estados possíveis ao longo de sua existência: o estado dos que se encontram *Encarnados,* como os homens; dos que se encontram desencarnados, mas ainda em processo evolutivo de provas ou expiações, os chamados *errantes;* e, por último, dos *Espíritos Puros* ou

---

2 O Livro dos Espíritos, item 226.

Perfeitos, que não necessitam mais passar pelas provas das vidas corporais. Qualquer Espírito, no Universo, estaria em uma dessas situações, ou, no máximo, em duas: sendo um *Espírito Puro* e encarnado numa sublime missão.

MAX

Só não gostei do uso da palavra *errante* no texto de Kardec acima.

Etimologicamente tal palavra significa "aquele que anda ao acaso, sem rumo certo, que erra, vagabundo". Kardec, pelo que vimos em nossos diálogos anteriores, sempre foi muito cuidadoso com as palavras. Ora, o significado dado no texto acima nos permite concluir que há Espíritos errantes muito evoluídos, por exemplo, os Espíritos Bons, da Escala Espírita que discutimos anteriormente.

Os Espíritos Bons desencarnados atuam no Universo com conhecimento de causa; são úteis; agem segundo um objetivo, um propósito; não estão a vagar sem rumo. Assim, o termo *errante* passaria uma ideia diferente quando relacionado ao grau evolutivo deles. Etimologicamente, o termo *"errante"* não deveria ser aplicado aos Espíritos Bons da Escala Espírita.

PAULO

Desculpe-me interrompê-lo, Max. Apenas para confirmar o que você disse, estou lendo a questão anterior, a de número 225, que diz que "há Espíritos errantes de todos os graus"[3]. Assim, parece que a palavra *errante*, no sentido usual, tal como você apresentou, não se aplicaria aos Espíritos de nível superior.

---

3 Ibidem, 225.

OS ESPÍRITOS E OS HOMENS

RENÊ

Vocês estão certos. O que ocorre é que faltou uma observação de Kardec nas traduções mais conhecidas de sua obra. Kardec publicou uma errata, em 1861, na quinta edição de O Livro dos Espíritos. Essa errata diz o seguinte:

> "Entre os Espíritos não encarnados, há aqueles que têm missões a cumprir, que se entregam a ocupações ativas, gozando de relativa felicidade. Outros como que flutuam no vazio e na incerteza; **são estes os *errantes*, na acepção própria do termo**, constituindo, na realidade, o que se designa pela expressão almas a penar. Os primeiros nem sempre se consideram *errantes,* porque fazem uma distinção entre sua situação e a dos outros."
> [Grifos nossos.]

Assim, Kardec percebeu que a palavra *errante* deveria ser usada apenas para aqueles Espíritos desencarnados que estão no vazio e na incerteza, não para aqueles que cumprem missões e se entregam às ocupações úteis no mundo dos Espíritos.

No entanto, como essa errata só apareceu depois que a obra principal já havia conquistado o público, e, no caso das traduções portuguesas, essa errata não foi traduzida pelas principais editoras, o termo *errante* acabou pegando apenas para designar todos os Espíritos desencarnados, que não são puros, estejam desocupados e na incerteza ou com missões e atividades úteis.

Por isso, na literatura espírita moderna o termo *errante* continua sendo usado nessa forma mais geral, e não na acepção própria do termo.

Como sabemos, as palavras ganham a sua acepção dominante pelo uso que delas fazemos. Assim, quando estivermos falando do mundos dos Espíritos, utilizaremos o termo *errante* neste sentido geral, que se aplica a qualquer Espírito desencarnado e que ainda não atingiu a perfeição, por ser atualmente o sentido mais conhecido e dominante.

Depois desses esclarecimentos e ainda dentro deste mesmo capítulo que estamos abordando, gostaria que discutíssemos uma questão que exige uma leitura mais filosófica e profunda, a questão de número 228, de *O Livro dos Espíritos*:

> 228. Conservam os Espíritos algumas das paixões humanas?
>
>> "Ao perderem o envoltório, os Espíritos elevados deixam as paixões más e só guardam a do bem; mas os Espíritos inferiores as conservam, pois do contrário pertenceriam à primeira ordem."

Leiamos com muita atenção e cuidado! Vou dar uns minutos para vocês meditarem na questão.

ANA

Já surgiu uma dúvida: o que são os "Espíritos Elevados"? Vimos, em nosso encontro anterior, a Escala Espírita onde aparecem apenas as três ordens: Espíritos Imperfeitos, Espíritos Bons e Espíritos Puros. Não vimos nada sobre o que sejam os Espíritos elevados.

RENÊ

O termo *Espírito Elevado (ou Espírito Superior)* é utilizado por Kardec por oposição ao termo *Espírito Inferior.* Ele designa aqueles Espíritos que não são inferiores, ou seja, os que não são os Espíritos Imperfeitos da Escala Espírita, portanto, os Bons e os Puros.

Cabe observar que dentro da Escala Espírita também aparece o termo *Espírito Superior* como a categoria mais elevada dos Espíritos Bons. Embora o termo seja o mesmo, quando Kardec utiliza o termo *Espírito Superior* por oposição a *Espírito Inferior,* devemos entender nesse sentido de *Espírito Elevado* que estamos explicando.

Como exemplos desses usos vejam as questões 238 e 244, deste mesmo capítulo que estamos examinando[4]:

238. São ilimitados os conhecimentos e as percepções dos Espíritos? Numa palavra: eles sabem tudo?

"Quanto mais se aproximam da perfeição, tanto mais sabem. Se são **Espíritos superiores,** sabem

---

4 O Livro dos Espíritos, itens 238 e 244.

muito. Os **Espíritos inferiores** são mais ou menos ignorantes acerca de tudo." [Grifos nossos.]

244. Os Espíritos veem a Deus?

"Só os **Espíritos superiores** O veem e compreendem. **Os inferiores** O sentem e adivinham." [Grifos nossos.]

Essas e outras questões, bem como diversos textos das obras de Kardec, nos permitem fazer a seguinte inferência: os Espíritos Elevados (ou Superiores) são os Espíritos Bons e os Puros da Escala Espírita. Podemos representar isso na seguinte tabela:

OS ESPÍRITOS E OS HOMENS

Ou seja, um Espírito Elevado (ou Superior) também pode ser um Espírito Puro. Foi por isso que Kardec pôde, sem cometer nenhuma contradição, chamar Jesus de *Espírito Superior* e, também, de *Espírito Puro*. Conforme podemos ler nos seguintes textos de Kardec:

> "2. Sem nada prejulgar quanto à natureza do Cristo, natureza cujo exame não entra no quadro desta obra, considerando-o apenas **um Espírito superior,** não podemos deixar de reconhecê-lo um dos de ordem mais elevada e colocado, por suas virtudes, muitíssimo acima da humanidade terrestre.
>
> ...
>
> Como homem, tinha a organização dos seres carnais; porém, **como Espírito puro,** desprendido da matéria, havia de viver mais da vida espiritual, do que da vida corporal, de cujas fraquezas não era passível."[5] [Grifos nossos.]

ANA

Entendi, mas mudando um pouco de assunto, Renê, essa questão 244 sobre a visão de Deus por parte dos Espíritos Superiores é muito provocante. Podemos tratar dela depois? Gostaria de entender o que significa a frase: "O veem e compreendem".

---

5 A Gênese os milagres e as predições segundo o Espiritismo - Os milagres - Capítulo XV - Os milagres do Evangelho - Superioridade da natureza de Jesus.

RENÊ

Sim, Ana. Podemos tratar disso depois. Anote aí. Agora vamos aprofundar o item 228.

PAULO

Se entendi bem o que disse, além de uma Escala Espírita em três ordens, Kardec classificou os Espíritos de forma binária, numa escala de duas classes: *Os Espíritos Elevados* (ou *Superiores*) e os *Espíritos Inferiores.*

RENÊ

Isso mesmo, essa escala binária foi utilizada por ele ao longo de todas as suas obras. Em muitos lugares Kardec utiliza essas duas expressões: *Espíritos Elevados* (*ou Superiores*) e *Espíritos Inferiores.* Talvez para simplificar a compreensão do texto e, principalmente, porque o que interessa, nos contextos em que aparecem, são os sentimentos e desejos elevados que ambos, os bons e puros, cultivam e os sentimentos e desejos do mal cultivados pelos inferiores. Pelo contexto dado, percebemos claramente esses usos, sem ambiguidades ou contradições.

Nunca encontrei nenhum uso dessas expressões, na obra de Kardec, que entrasse em contradição com o que colocamos na figura anterior usada para defini-las.

ANA

Sendo esse o significado de *Espírito Elevado,* parece ter uma inconsistência na pergunta 228, acima. Como um Espírito Elevado pode ao morrer deixar as paixões más?

Só se pode deixar aquilo que se possuía. Se um Espírito cultivou na Terra as paixões más, ele não poderia ser um Espírito Bom, nem Puro. Onde estou errada?

PAULO

Concordo com a Ana. A pergunta parece clara ao afirmar que, ao perderem o envoltório, isto é, ao morrerem, os Espíritos Elevados deixam as paixões más na Terra e levam apenas as do bem. Se deixaram na Terra as paixões más, é porque as cultivaram quando aqui viveram.

MAX

Consigo ver uma saída para essa aparente contradição, se pensarmos sobre as paixões seguindo o pensamento do filósofo francês Renê Descartes, na sua notável obra: *"As paixões da alma"*.

Peço licença para resumir de forma simplificada e, portanto, incompleta, as contribuições de Descartes acerca do que sejam as paixões humanas.

Uma paixão é uma emoção da alma que é causada, mantida e sustentada por influência do corpo físico. Descartes usa a expressão *espíritos animais*, para designar os elementos materiais sutis que seriam, no corpo, os responsáveis por causar na alma as paixões.

Daí o uso do termo francês *passion*, que expressa muito bem o caráter passivo dessa emoção. A alma sente a paixão, que surge nela como consequência da sua ligação com o corpo, independente de sua vontade. A paixão é causada, mantida e sustentada na alma, quer ela queira ou não. Por isso, a alma não pode evitá-la de forma absoluta, pode apenas controlá-la ou modificá-la indiretamente por meio da vontade e do pensamento.

Quando a gente sofre uma agressão física, por exemplo, essa agressão costuma ser acompanhada de uma emoção de raiva ou de ódio pelo agressor. Essa emoção, que surge mesmo contra a vontade, é uma paixão que decorre da influência da matéria sobre a alma. Ao longo do tempo, nos acostumamos a associar essa emoção de raiva ou ódio pelo agressor com a sensação física de sofrimento e dor provocada por uma agressão.

Em si mesma, nenhuma paixão é má, nem boa. Uma paixão é neutra do ponto de vista moral. No entanto, podemos chamar uma paixão de uma *paixão má* quando não temos o controle sobre ela e, como consequência deste descontrole, agimos produzindo o mal.

ANA

Max, desculpe-me interrompê-lo. Mas, não entendo como é possível, diante de uma agressão física, que a gente consiga evitar a raiva e o ódio. Se é uma emoção que surge na alma independentemente de sua vontade, como evitar que ela se manifeste? Algumas paixões parecem ser algo incontrolável, pelo menos nos seres humanos normais.

RENÊ

Ana, a sua pergunta é muito importante, mas penso que devemos deixar o Max continuar a apresentação sobre as paixões para discutirmos depois a sua questão sobre o controle delas.

OS ESPÍRITOS E OS HOMENS

Agora, para contribuir com a explicação dele, apresento uma metáfora contida na obra de Kardec que expressa muito bem esse caráter neutro e, ao mesmo tempo, a importância do controle das paixões:

> "As paixões são como um corcel, que só tem utilidade quando governado, e que se torna perigoso quando passa a governar. Uma paixão se torna perigosa a partir do momento em que deixais de poder governá-la, e que dá em resultado um prejuízo qualquer para vós mesmos ou para outrem."[6]

Obrigado, pode prosseguir, Max.

MAX

Exatamente isso. Uma paixão é como um cavalo puro-sangue (corcel) que, desgovernado, pode produzir muito mal. Mas, tem muita utilidade quando controlado e dirigido para o bem.

Descartes propõe seis paixões como sendo as paixões básicas ou primitivas que dariam origem a todas as outras: amor, ódio, alegria, tristeza, admiração e desejo.

Considere, por exemplo, a paixão *ódio*. Essa paixão é definida como um tipo de emoção que leva o indivíduo a se afastar daquilo que lhe possa fazer mal. Assim, é muito útil, e é um meio de sobrevivência, que o indivíduo tenha

---

6 O Livro dos Espíritos, item 908.

um sentimento de *ódio* ou repulsa por algo que possa prejudicar a sua saúde. Só assim a alma encarnada pode evitar aquilo que lhe possa matar o corpo físico. Por isso, também, é fundamental um certo nível de *tristeza* durante uma doença para que possamos querer combatê-la.

Ódio e tristeza, quando em baixo nível e sob controle, são paixões que permitem a sobrevivência do corpo físico e levam o indivíduo a buscar o cuidado necessário para a manutenção da própria saúde física. Podem ser, nessas condições, chamadas de *paixões boas* para o corpo físico.

Para Descartes, as paixões podem ser consideradas boas ou más, não apenas para o corpo físico, mas também para a alma.

O ódio e a tristeza, quando em baixo nível de intensidade e controlados pela alma, são, como vimos, boas paixões para o corpo físico. No entanto, para uma alma sem corpo físico (se isso for possível), essas paixões não seriam mais paixões boas, pois são emoções inferiores que deixariam a alma infeliz e atrapalhariam as suas boas ações.

Uma alma sem um corpo físico que dependa de conservação não precisaria sentir essas emoções de tristeza e ódio, nem mesmo em baixo nível de intensidade e sob controle. Tais emoções não teriam nenhuma boa utilidade para essa alma sem esse tipo de corpo físico. O amor e a alegria seriam as boas paixões para essa alma, pela felicidade que proporcionam.

Agora, se utilizarmos essa visão sobre o que sejam as paixões da alma, poderemos entender, sem contradições, o texto inicial da resposta à pergunta 228: "Ao perderem o envoltório, os Espíritos elevados deixam as paixões más..."

Os Espíritos Elevados, quando encarnados no corpo físico, cultivam, por exemplo, as paixões denominadas por Descartes de *ódio* e *tristeza*, desde que em baixo nível de intensidade e sob total controle, porque essas paixões são boas para a conservação do seu corpo físico. Mas, ao desencarnarem, deixam essas paixões de ódio e tristeza, pois elas seriam paixões más para a alma sem o corpo físico.

ANA

Ufa! Veja se entendi. Os Espíritos Elevados só podem, quando encarnados, sentir paixões boas (ou boas emoções), assim eles sentem as paixões boas de ódio e tristeza, pois elas são boas para o corpo, desde que em baixo nível de intensidade e sob total controle da alma.

No entanto, quando perdem o corpo físico, com a morte, não podem mais cultivar essas emoções de ódio e tristeza, por menor que sejam, pois elas não seriam paixões boas para a alma fora do corpo físico. Por isso, os Espíritos Elevados deixam as paixões más ao desencarnarem, mas no corpo físico só cultivam as paixões boas, tanto para o corpo, quanto para a alma.

PAULO

Agora entendi. O conceito de uma paixão boa (ou má) é um conceito relativo. O que é bom para o corpo, pode não ser bom para a alma quando esta não possui mais um corpo físico.

Por exemplo, as paixões de ódio e tristeza são boas, sob certas condições, quando se está encarnado, mas são sempre paixões más quando se está desencarnado. Um Espírito Elevado por ser, no mínimo, um Espírito Bom, só pode ter boas emoções, no corpo ou fora do corpo. Assim, ele pode cultivar, quando encarnado e sob certas condições, as paixões de ódio e tristeza, pois serão boas paixões para a conservação do corpo. Mas, deve abandoná-las após a morte do corpo.

RENÊ

Vocês explicaram muito bem. Penso que podemos interpretar o texto inicial da resposta dos Espíritos a essa questão 228 da maneira como vocês explicaram. Pelo menos essa forma de interpretação nos permite eliminar uma contradição aparente que surgiria com o fato de que os Espíritos Elevados nunca cultivam paixões más.

Agora vejamos a segunda parte da resposta: "mas os Espíritos inferiores as conservam, pois do contrário pertenceriam à primeira ordem". Como entender essa afirmativa?

Primeiramente vamos nos concentrar na expressão: "as conservam". Conservam o quê? A que se refere esse pronome "as"? Os Espíritos Inferiores conservam quais paixões?

PAULO

Acho que se refere ao que está sendo perguntado: as *paixões humanas.* Uma vez que a pergunta 228 é sobre se os Espíritos conservam algumas das *paixões humanas.* Assim, a frase citada por você pode ser reescrita da seguinte maneira: "os Espíritos inferiores conservam <u>as paixões humanas,</u> pois do contrário pertenceriam à primeira ordem".

ANA

Tenho dúvidas, Paulo, se a sua interpretação estaria correta. Para mim, esse pronome "as" se refere ao texto da resposta, não ao texto da pergunta. Dentro da resposta, a frase que acabamos de discutir no item 228, anterior à que contém o pronome "as", diz respeito às paixões más. Ela afirma que os Espíritos Elevados "deixam as paixões más". Assim, minha leitura dessa segunda frase é a seguinte: "os Espíritos inferiores conservam <u>as paixões más,</u> pois do contrário pertenceriam à primeira ordem". O pronome "as" se refere, portanto, à expressão *as paixões más,* da resposta dos Espíritos, não às *paixões humanas,* da pergunta.

MAX

Concordo com a Ana, é muito mais natural procurar o termo ao qual o pronome "as" se refere numa frase anterior, no texto da resposta, e não no texto da pergunta, pois este se encontra, num certo sentido, mais distante do pronome "as". Além do mais, essa proposta da Ana nos levaria a entender por que a resposta dos Espíritos usa a expressão no plural para as paixões más ("<u>as</u> paixões más") e no singular para as paixões boas ("<u>a</u> do bem").

Vejamos novamente a frase em exame: "os Espíritos elevados deixam as paixões más e só guardam a do bem".

Claro que as paixões boas, ou do bem, que os Espíritos Elevados conservam são, também, várias, por exemplo, amor, alegria, admiração etc. Ao utilizar a expressão "a do bem", no singular, os Espíritos foram cuidadosos na resposta para evitar uma ambiguidade no uso do pronome "as", na frase que estamos analisando. Se eles tivessem dito "só guardam as do bem", a interpretação da Ana não seria possível sem ambiguidades. Esse "as" poderia se referir tanto às paixões más quanto às boas. Como, na frase dos Espíritos, só a expressão para as paixões más está no plural, o pronome "as" (plural) só pode se referir às paixões más (plural), e não à expressão "a do bem" (singular).

No entanto, temos um problema na proposta da Ana. Se interpretarmos a frase no sentido proposto pela Ana, surgirá uma inconsistência. Observem com atenção a frase da resposta: "mas os Espíritos inferiores as conservam, pois do contrário pertenceriam à primeira ordem".

Ora, utilizando a interpretação da Ana, poderíamos reescrever a frase da seguinte maneira, substituindo o pronome "as' pela sugestão dela: *"mas os Espíritos inferiores conservam as paixões más, pois do contrário pertenceriam à primeira ordem".*

O que significa esse "pois do contrário"? Significa que se os Espíritos inferiores não conservassem as paixões más eles seriam da primeira ordem. O que é um problema, pois vimos que os Espíritos Bons conservam as boas paixões e não conservam as paixões más. Assim, ao se afirmar que "se os inferiores não conservassem as paixões más, eles seriam da primeira ordem", essa afirmação poderia ser falsa, pois os Espíritos poderiam ser, também, da segunda ordem e não somente da primeira ordem.

Ou seja, embora a interpretação da Ana pareça ser a mais natural e simples, ela gera uma conclusão que pode ser falsa: "se os Espíritos inferiores não conservassem as paixões más, eles seriam da primeira ordem". Essa frase pode ser falsa, pois os Espíritos poderiam ser da segunda ordem e não, necessariamente, da primeira.

PAULO

Mas, não parece que o mesmo problema surgiria com a minha interpretação para o pronome "as"? A minha interpretação daria a seguinte frase: "se os Espíritos inferiores não conservassem as paixões humanas, eles seriam da primeira ordem". Não geraria a mesma conclusão que poderia ser falsa como na interpretação da Ana?

RENÊ

Veja com atenção a diferença, Paulo. Se os Espíritos não conservassem as paixões humanas, nem as boas nem as más, significa que eles não conservariam nenhum tipo de paixões humanas. Ora, os Espíritos Bons conservam as paixões humanas boas. Assim, sua proposta é diferente daquela da interpretação da Ana. A conclusão não seria verdadeira substituindo a expressão "da primeira ordem" por "Espíritos Bons", com fez o Max anteriormente.

Sua interpretação, Paulo, não gera nenhum problema, nenhuma conclusão falsa. Se você observar o que disse o Max sobre as paixões da alma, elas são as emoções da alma que decorrem da influência da matéria sobre o Espírito.

Como vimos em nosso diálogo anterior ao tratarmos da Escala Espírita[7], os Espíritos Puros ou Perfeitos não sofrem nenhuma influência da matéria, por isso não sentem nenhuma paixão, nem mesmo as paixões boas. Suas emoções ou sentimentos são de um nível tão elevado que não guardam qualquer marca da matéria, não sendo assim denominados de *paixões da alma.*

Assim, Paulo, se adotarmos a sua interpretação para o pronome "as", a frase que estamos examinando é correta: "se os Espíritos Inferiores não conservassem as paixões humanas, eles seriam da primeira ordem". Isto é, a frase é verdadeira, pois tais Espíritos só poderiam ser da primeira ordem mesmo, nunca da segunda.

Há, no entanto, uma outra dificuldade com a sua sugestão para a interpretação do pronome "as".

Se seguirmos a sua proposta, Paulo, de interpretarmos o pronome "as" como se referindo ao texto da pergunta e não ao texto da resposta, teríamos que tomar o pronome "as" como se referindo à expressão "algumas das paixões humanas" e não simplesmente à expressão "paixões humanas". Pois o texto da pergunta é sobre algumas das paixões humanas e não necessariamente sobre todas as paixões humanas.

Assim, se substituirmos o pronome "as" por essa modificação que acabamos de sugerir, teríamos: "se os Espíritos Inferiores não conservassem algumas das

---

7 Veja o livro "Espírito e Matéria" desta Editora Nobiltà.

paixões humanas, eles seriam da primeira ordem".

Essa nova frase pode ser falsa, basta pensar que os Espíritos Bons também não conservam algumas das paixões humanas, pois eles não conservam as paixões más, só guardam as paixões do bem. Portanto, se o pronome "as" se referisse ao texto da pergunta, a frase correta deveria ser a seguinte: "se os Espíritos inferiores não conservassem algumas das paixões humanas, eles seriam da segunda ou primeira ordem". (E não, necessariamente, da primeira ordem.)

Observem que quem não conserva nenhuma paixão (nem as boas, nem as más), o que é o caso do Espíritos Puros, também não conserva algumas paixões.

Quem não sente nenhum tipo de paixão, não sente algum tipo de paixão. Por isso, a frase citada acima é também verdadeira para os Espíritos da primeira ordem.

A recíproca é que não vale: de quem não sente algumas paixões, não se pode afirmar que não sente nenhuma paixão. Pois ele poderia sentir algumas (as boas) e não sentir algumas outras (as más). Por isso, a frase citada acima é também verdadeira para os Espíritos da segunda ordem.

O que quero dizer é que se considerarmos o pronome "as" como se referindo à pergunta e não ao texto da resposta, o problema na última frase da resposta dos Espíritos, conforme já apontado pelo Max, continua existindo.

Como vocês podem perceber estamos diante de uma situação bem instigante.

Se procedermos conforme a Ana e o Max sugeriram (utilizando o texto da resposta para o significado do pronome "as"), a leitura é mais simples e natural, mas a frase final obtida é falsa.

Se seguirmos o caminho do Paulo, (utilizando o texto da pergunta para o significado do pronome "as"), a frase final fica correta, mas a interpretação para o pronome "as" parece ter sido forçada para dar certo. Forçamos o significado do pronome "as" como sendo *as paixões humanas"* e não "algumas das paixões humanas".

Vamos tentar uma solução diferente das que foram apresentadas.

Talvez o texto em francês possa nos ajudar:

228. Les Esprits conservent-ils quelques-unes des passions humaines?

> « Les Esprits élevés, en perdant leur enveloppe, laissent les mauvaises passions et ne gardent que celle du bien; mais les Esprits inférieurs les conservent; autrement, ils seraient du premier ordre. »

Vejam que no texto em francês temos um ponto e vírgula e não uma vírgula separando as duas últimas sentenças, isto é, a resposta dos Espíritos ficaria assim, numa tradução literal:

> "Ao perderem o envoltório, os Espíritos elevados deixam as paixões más e só guardam a do bem; mas os Espíritos inferiores as conservam; caso contrário, pertenceriam à primeira ordem".

Dado o ponto e vírgula [em destaque], e não mais a vírgula, podemos interpretar a expressão "caso contrário" como se referindo às duas frases anteriores: tanto à frase sobre os Espíritos levados, quanto à frase sobre os Espíritos inferiores. E não apenas como se referindo aos Espíritos inferiores, o que seria a interpretação correta se tivéssemos a vírgula.

Assim, nossa leitura da expressão "caso contrário" poderia ser a seguinte: "se os Espíritos elevados não conservassem as paixões boas e os Espíritos inferiores não conservassem as paixões más, eles seriam da primeira ordem".

Essa frase é correta, pois se um Espírito não conserva nem as paixões boas, nem as paixões más, ele teria, necessariamente, que ser da primeira ordem. Pois, como vimos, somente os Espíritos puros, ou da primeira ordem, não conservam nenhuma paixão humana.

Veja que nessa interpretação que estou propondo, mantenho tanto a interpretação da Ana e do Max para o pronome "as" quanto a correção da frase final dos Espíritos.

Essa parece ser a interpretação mais adequada e que respeita o uso do ponto e vírgula, tal como se encontra no texto em francês.

ANA

Deixa eu ver se entendi. Ao colocar o ponto e vírgula, e não mais a vírgula, a expressão "caso contrário" se refere às duas frases da resposta. Podemos reescrever a resposta dos Espíritos da seguinte maneira, colocando no formato de uma lista de opções:

1. Ao perderem o envoltório, os Espíritos elevados deixam as paixões más e só guardam a do bem;

2. mas os Espíritos inferiores as conservam [conservam as paixões más];

3. caso contrário, eles seriam da primeira ordem.

Assim, a expressão "caso contrário", no item 3, nos leva a considerar aquilo que é contrário simultaneamente às opções 1 e 2 acima. Logo, se um Espírito, ao morrer, não conservar as paixões boas [caso contrário de 1] e se não conservar as paixões más [caso contrário de 2], ele teria, necessariamente, que não conservar nem as paixões boas nem as más, ou seja, ele não deveria conservar nenhuma paixão. Concluindo, se um Espírito ao morrer não guarda nenhuma paixão, a única opção que resta é que ele seja da primeira ordem, ou um Espírito Puro. [item 3]. Isto é, a frase final da resposta dos Espíritos é correta.

RENÊ

Certo. Nada como uma jornalista para resumir a explicação de forma mais clara.

PAULO

Ainda fiquei com uma dúvida, a partir da explicação dada pelo Max sobre o que é paixão para Descartes. Max disse que uma paixão é uma emoção da alma que decorre da influência do corpo físico sobre ela. Como, então, entender que um Espírito errante, que não possui mais o corpo físico, possa sentir paixões?

RENÊ

Sua dúvida, Paulo, justifica e nos mostra a importância da pergunta 228 formulada por Kardec e que acabamos de analisar. Se seguíssemos apenas o que disse Descartes, uma alma fora do corpo não deveria sentir nenhuma paixão. Com a resposta dos Espíritos, fica claro que é um fato os Espíritos errantes sentirem algumas das paixões humanas. Kardec precisou perguntar aos Espíritos para saber desse fato. O que nos resta é tentarmos entendê-lo. Mas, quer o entendamos ou não, o fato não deixa de ser um fato.

A explicação para a sua dúvida talvez possa ser encontrada se pensarmos que os Espíritos errantes ainda possuem um perispírito que, por ser um tipo de matéria, sofre as influências da matéria e que essa influência provoca na alma emoções análogas às nossas paixões humanas.

Provavelmente, o processo pelo qual o perispírito possa produzir as chamadas paixões humanas nos Espíritos errantes é diferente daquele que ocorre nos homens, uma vez que o perispírito não é um corpo que depende da lei de conservação[8].

Da análise que fizemos da questão 228, poderíamos inferir que é o perispírito dos Espíritos errantes, por sua natureza ainda material, o responsável por provocar neles as paixões humanas. No caso dos Espíritos Puros, seu perispírito não tem mais uma natureza material como a dos Espíritos

---

8 Veja o nosso livro "Espírito e Matéria", desta Editora Nobiltà.

errantes, por isso eles não sofrem nenhuma influência da matéria e não sentem nenhuma paixão humana.

Novamente, é o perispírito o elemento chave para entendermos como vive o Espírito no Mundo dos Espíritos. Quanto mais materializado é o Espírito, quanto mais seu perispírito tenha de nossa natureza material e sofra a influência da nossa matéria grosseira, mais suas percepções e suas emoções sofrem também a influência da matéria e se aproximam das nossas percepções e paixões. Nas palavras de Kardec:[9]

> "Sabemos que quanto mais eles se purificam, tanto mais etérea se torna a essência do perispírito, donde se segue que a influência material diminui à medida que o Espírito progride, isto é, à medida que o próprio perispírito se torna menos grosseiro."

Amigos, a hora do almoço chegou, precisamos parar para almoçar e para aquele nosso pequeno descanso, nossa sesta. Voltamos depois do almoço.

ANA
Como se passou muito tempo do nosso último encontro, havia me esquecido que nossos filósofos precisam visitar os deuses, rss...

---

9 O Livro dos Espíritos, item 257.

SEGUNDO
diálogo

Logo após o almoço,
o diálogo continua
no salão de estudos.

2

SEGUNDO DIÁLOGO

RENÊ

Estamos de volta aos estudos! Se ficaram claras para todos as explicações sobre o item 228, podemos passar para as questões pendentes.

ANA
Primeiramente a minha pergunta sobre o controle das paixões.

PAULO
Lembro que também ficou para depois a pergunta da Ana sobre a visão de Deus pelos Espíritos Superiores.

RENÊ
Se vocês concordarem, começaremos pelo controle das paixões. Pode repetir a pergunta?

ANA

No caso de uma agressão física, sabendo que uma paixão surge na alma independentemente da vontade, como evitar o surgimento da raiva e do ódio? Não parece que há paixões tão fortes que a gente não consegue dominá-las?

MAX

Concordo com a Ana no que diz respeito ao surgimento de uma paixão na alma como consequência natural das influências do corpo físico. Isto é, diante de uma agressão física é muito natural que o agredido sinta raiva e ódio pelo agressor. Não vejo como seria possível evitar sentir essas emoções.

Acho que podemos apenas controlar essas paixões para impedir as ações danosas que pudessem surgir como consequência delas. Assim, podemos controlar nossas ações de forma a não devolver uma agressão com outra agressão. Controlaríamos as ações, mas não evitaríamos a paixão da raiva e do ódio pelo agressor.

RENÊ

Do ponto de vista materialista e considerando apenas os Espíritos Inferiores, o raciocínio de vocês é correto. Os Espíritos Imperfeitos encarnados, quando muito, conseguem apenas controlar suas ações, sem deixar de sentir as paixões ruins.

Alguns homens conseguem impedir as suas próprias ações más, que poderiam acontecer sob o império do ódio ou da raiva que estão sentindo. Mas, não é desta forma que ocorre com os Espíritos Bons encarnados. Como já discutimos, os Espíritos elevados quando encarnados, o que é um fato raro neste nosso planeta de provas e expiações, não sentem essas más paixões de raiva e ódio pelo agressor.

Para compreendermos isso, é preciso fazer uma distinção entre as paixões de ódio[10] e de tristeza, consequências naturais da dor e do dano físico, discutidas anteriormente, e as paixões de raiva e ódio pelo agressor.

Quando sofre uma agressão física e tem o corpo ferido, é claro que um Espírito Bom encarnado deve sentir, sob certas condições, essas paixões de ódio e tristeza pelo dano no corpo. Caso contrário, ele não buscaria o tratamento para o seu corpo, nem reprovaria a conduta do agressor. Não seria útil, nem equilibrado, sentir as paixões opostas de alegria e amor pelo dano sofrido.

Mas a paixão de ódio e tristeza pelo dano sofrido pelo corpo, não é a mesma paixão de raiva e ódio pelo agressor. Aquela se relaciona à dor, ao sofrimento físico, está se trata de uma paixão mais forte e dirigida à pessoa do agressor. Não tem relação com a conservação do corpo, mas com as interações de alma a alma. Nenhum Espírito Bom sente raiva ou ódio por nenhum outro Espírito, mesmo que

---

10 Aqui é importante considerar os diversos sentidos da palavra *ódio*. Em geral, associamos a esta palavra um sentimento de rancor profundo e duradouro que se sente por alguém. Descartes usa a palavra *ódio* como uma emoção de aversão ou repugnância por alguma coisa má ou nociva.

este o tenha agredido da pior forma possível. A sua emoção de amor por qualquer outro Espírito continua inalterada.

A sensação da dor provocada pela agressão e a paixão de ódio pelo agressor são coisas distintas e que não precisam estar necessariamente associadas. Podemos ser agredidos fisicamente, sofrendo a dor, sem sentirmos ódio pelo agressor. O que é possível e ocorre às vezes com algumas pessoas; e que sempre ocorrerá com um Espírito Bom encarnado. Essa associação da dor de uma agressão com o ódio pelo agressor é um hábito que pode ser alterado pela educação e pelo esforço da vontade. Por isso a importância do controle das paixões.

ANA

Mas, Renê, a indagação que faço vai nessa direção do "como" controlar as paixões. Com seus argumentos, entendo que tal controle seja possível. Minha questão é de ordem prática, não de possibilidade. Como proceder para controlá-las? Como não sentir ódio pelo agressor ante uma agressão dura e injusta?

RENÊ

Vejamos como Kardec e os Espíritos poderiam nos ajudar. Ele pergunta aos Espíritos sobre esse domínio das paixões:

> 911. Não haverá paixões tão vivas e irresistíveis que a vontade seja impotente para dominá-las?
>
> "Há muitas pessoas que dizem: Quero, mas a vontade só lhes está nos lábios. Querem,

> porém muito satisfeitas ficam que não seja como "querem". Quando o homem crê que não pode vencer as suas paixões, é que seu Espírito se compraz nelas, em consequência da sua inferioridade. Compreende a sua natureza espiritual aquele que as procura reprimir. Vencê-las é, para ele, uma vitória do Espírito sobre a matéria."

Primeiro, é preciso ter essa vontade firme de querer dominar as suas paixões. Vontade e não apenas um querer que esteja apenas nos lábios. Ter um querer como vontade, que se transforma em ação. Não um querer, desejo apenas, que é somente um projeto ou uma boa intenção, que pode ou não se realizar.[11] Tal vontade de vencer as paixões só acontece, como observa a resposta dos Espíritos, quando o homem não se compraz nelas.

A necessidade de se desgostar dos nossos defeitos foi proposta pelo Espírito Paulo, o apóstolo, numa mensagem publicada por Kardec:

> "Que é o castigo? A consequência natural, derivada desse falso movimento; uma certa soma de dores necessária a desgostá-lo da sua deformidade, pela experimentação do sofrimento."[12]

---

11 Para um estudo mais detalhado das diferenças entre desejo e vontade, veja a obra "Espírito e Matéria", já citada.
12 O Livro dos Espíritos, item 1009.

ANA

Ufa!! Desculpe-me interrompê-lo, mas essa palavra castigo sempre me incomodou. Podemos também discutí-la depois? Nunca concordei como essa ideia de "Deus castiga"...

RENE

Ok, Ana. Depois voltamos a essa sua dúvida.

Eu ia dizer que mais rápido progrediria o homem se não deixasse para aprender apenas após a dor que surgirá, necessariamente, na Terra ou na vida espiritual, como consequência do cultivo das más paixões e de suas correspondentes ações no mal.

Enquanto o homem sentir um certo prazer pelas paixões más, sua vontade de vencê-las não acontece ou ele tem apenas um desejo passageiro. Só com o tempo e com a dor tal homem perderá o prazer pelo mal. Assim, ele vai adiando a sua evolução para se tornar um Espírito Bom.

Segundo, é necessário o esforço para controlar e reprimir as paixões más, aprendendo a substituí-las pelas boas. Tal substituição se dará por uma mudança na associação entre a sensação da dor, ou uma outra percepção qualquer, e uma dada paixão na alma, que por hábito nos acostumamos a fazer.

Para mudarmos esse hábito que dá origem à paixão má, precisamos, como Descartes observou, fazer uso da razão e do pensamento para criar novas associações. Como fazer?

Se alguém nos agride, por exemplo, junto com a

sensação dolorosa é comum sentirmos raiva e até ódio pelo agressor. Logo após a agressão, devemos usar nossa razão, nosso pensamento, para produzirmos argumentos com o propósito de convencer a nós mesmos de que tal paixão de raiva deve ser combatida. Dizendo-nos, por exemplo, que o agressor é uma pessoa infeliz e que sua agressão é o resultado de sua infelicidade, pequenez ou grosseria; que se sentirmos raiva estaremos prejudicando mais ainda a nós mesmos, pois além da dor, sentiremos a queimação interior que a raiva produz; que a raiva nos coloca no mesmo nível moral do agressor; que a justiça divina se faz sempre e que se sentirmos raiva responderemos por isso; que a raiva é uma paixão que nos mantém na condição de Espírito Inferior adiando o nosso progresso evolutivo, etc. Com argumentos desse tipo, reiteradas vezes, transformamos pouco a pouco a paixão da raiva em reprovação da conduta do agressor, sem odiá-lo.

Se nos habituarmos a fazer esse tipo de esforço argumentativo, vamos rompendo com as antigas associações entre a agressão e o ódio pelo agressor. E, de uma hora para outra, utilizando sempre esse método argumentativo, e quando menos esperamos, mudamos em nós essa associação infeliz. E, no futuro, novas agressões não produzirão a paixão da raiva e do ódio pelo agressor, surgirá apenas o sentimento ou a paixão de reprovação da agressão. Assim, por hábito, criamos em nós uma nova associação entre a agressão que viermos a sofrer e a reprovação do agressor.

A coisa parece fácil, mas não é.

O método é simples de compreender, mas a prática exige muito esforço, repetição e tempo.

Para andarmos mais rápido nessa mudança da associação da dor com as paixões de raiva e ódio pelo agressor, sugerimos praticar uma mudança em nossos pensamentos e em nossas emoções diante das dores que surjam como consequências das doenças e dificuldades imprevisíveis do mundo, sem que ninguém nos tenha agredido.

Com isso, vamos treinando a mudança na associação das paixões más com as dores, dificuldades e sofrimentos naturais, decorrentes da vida corporal. Sem esperarmos que alguma agressão aconteça conosco.

As dores e sofrimentos naturais da vida são excelentes oportunidades de praticarmos o método de controle e substituição das paixões más. Quanto mais praticarmos, mais experiência ganhamos e novos hábitos de associação serão incorporados.

Quando estivermos sentindo uma dor física ou se estivermos doentes, além de buscarmos o alívio e o tratamento médico adequado, precisamos trabalhar nossos pensamentos e sentimentos durante essa fase difícil. Se ficarmos revoltados com o que estamos passando, as dificuldades para eliminar as paixões da raiva e do ódio aumentam.

A revolta alimenta a tristeza, a raiva e o ódio. Enquanto a resignação produz a paz e nos dá a alegria de viver, mesmo nos momentos mais difíceis.

A revolta nos mantém ligados aos Espíritos infelizes e ingratos, aumentando nossa dor e infelicidade. A resignação aproxima de nós os Espíritos Bons, que nos ajudam no enfrentamento das dificuldades e na solução dos nossos problemas.

PAULO
Renê, desculpe-me, mas nunca entendi direito o que seja essa "resignação". Sempre vi nessa palavra algo de tristeza e de submissão, próprio das almas fracas ou incapazes.

MAX
Concordo com o Paulo. Essa palavra é algumas vezes interpretada pelos filósofos como uma certa mistura de preguiça e renúncia. Preguiça, que leva o indivíduo a permanecer resignado, mas sem acreditar que esteja certo. Falta coragem para sair dela. Renúncia da satisfação de um desejo melhor, que apesar de tudo continua existindo. Falta na resignação a alegria. Por isso, não seria uma virtude, nem uma sabedoria.

RENÊ
Não é esse o sentido dado pelos Espíritos para a palavra *resignação*. Daí, como já discutimos em nosso encontro anterior, a importância de se buscar o significado das palavras no contexto da obra de Kardec e não em outros autores.

Para Kardec e os Espíritos Elevados, a resignação é uma virtude e, também, uma sabedoria. Sempre ativa e alegre. Sempre sábia e inteligente.

O Espírito Lázaro explicou com profundidade os atributos da resignação da seguinte maneira:

> "A obediência é o consentimento da razão; a resignação é o consentimento do coração, forças ativas ambas, porquanto carregam o fardo das provações que a revolta insensata deixa cair."[13]

Como se pode observar do texto de Lázaro, somente na visão espírita se pode ter essa compreensão da resignação como uma virtude. Por isso, é justificável o sentido dado pelos materialistas. Se você não acredita que é um Espírito imortal, em processo de aperfeiçoamento constante e num Universo criado por um Deus soberanamente justo e bom, faz todo o sentido ver na resignação um sentimento de fraqueza e tristeza.

Para o Espiritismo, a resignação pressupõe uma compreensão, às vezes apenas intuitiva, acerca da vida espiritual e da justiça de Deus, para que o resignado se sinta feliz e tenha coragem, mesmo diante das mais terríveis dores e sofrimentos.

Ao compreender que a vida na Terra é uma vida de provas e expiações e que ela é a oportunidade escolhida por ele mesmo para o resgate dos seus erros e para o seu avanço em direção à felicidade futura, o Espírito vê na resignação uma virtude.

---

13 O Evangelho segundo o Espiritismo, capítulo IX, Instruções dos Espíritos: Obediência e resignação.

Ela comporta um sentimento de aceitação das dores, dificuldades e sofrimentos, com alegria, com coragem e com a confiança de que a justiça divina se faz sempre. Numa atitude de respeito e admiração pela sabedoria das leis divinas, que dá a cada um segundo as suas obras.

O resignado sabe, e sente alegremente, que a dor e o sofrimento, além de justos, são passageiros e educativos. Ele sabe aprender com suas provas e expiações. Ele percebe que com a resignação consegue manter o equilíbrio interior. Sente a presença amiga de seu anjo guardião que lhe dá forças, alegria e coragem para enfrentá-las.

Sem a resignação, ou com a revolta, o indivíduo expressa a sua ignorância ou a sua descrença na justiça e na bondade de Deus. Perde a oportunidade de aprender no presente e de mudar a sua vida futura. Terá que recomeçar de onde parou. Seu orgulho é maior que seu desejo de progresso moral. Pouco ou nada aprende com as provas e expiações livremente escolhidas por ele mesmo.

Não sabendo de Deus nem da vida espiritual, o homem não compreende e não aceita os motivos para uma vida de dor e sofrimento. Revolta-se, e sua revolta é justificada por suas crenças. Quando muito, acomoda-se e submete-se, com tristeza e insatisfação, se não há como impedir os acontecimentos dolorosos. Daí essa visão materialista da resignação como um sentimento infeliz e de uma alma fraca.

A resignação, como observa Lázaro, é um consentimento do coração, mas que não dispensa a

OS ESPÍRITOS E OS HOMENS

razão. Por isso o paralelo que ele faz com a obediência. O coração só consegue dizer sim, com alegria e força, se a razão de alguma forma lhe sustenta ou lhe sustentou. É uma espécie de certeza intuitiva, ou instintiva, que decorre de uma fé ou confiança em Deus racionalmente adquiridas. Se é o coração que diz *sim,* este *sim* é mais forte e verdadeiro do que o *sim* da razão, pois não sofre as interferências do interesse e do orgulho.

O homem resignado sabe, às vezes de forma intuitiva, que ele é um Espírito imortal, com liberdade de escolha de suas próprias provas, e que há um Deus justo e bom. É o seu coração que lhe afirma. Resultado de uma crença em Deus e na imortalidade da alma anteriormente conquistadas. Ele aceita, ponto. E aceita mesmo, sem vacilar. Seu coração alegremente lhe diz sim. E isso lhe preenche por inteiro. Não há mais do que duvidar, pois já não está mais no plano da razão. Está além da razão, sem nunca dispensá-la.

ANA

Renê, veja se entendi o seu raciocínio final e o papel da resignação.

Para ganharmos experiência e assim facilitar o domínio e a eliminação das paixões de ódio e raiva pelo agressor, é muito útil praticarmos esse método de mudança nos velhos hábitos com os sofrimentos, as dificuldades e as dores naturais, que acontecem com qualquer ser humano na Terra. Para isso, é importante a prática da virtude da resignação.

Ante as dificuldades da vida, exercitar a resignação. Treinar a alma para sentir as boas paixões, de paz e alegria, associadas à resignação. Quanto mais cultivarmos a resignação, eliminamos a revolta, que alimenta o ódio, a tristeza e a raiva. Assim, quando vier a surgir uma agressão, nossos hábitos de resignação nos ajudarão a eliminar mais facilmente o ódio pelo agressor. Ou, pelo menos, nos colocarão em condições mais eficientes para o domínio das más paixões que poderiam surgir da agressão.

RENÊ

Sim, Ana. A resignação precisa ser permanentemente praticada. Principalmente quando as condições da existência pareçam insuportáveis. São os momentos mais difíceis as melhores oportunidades de se aprender essa virtude, que reflete nossa confiança na justiça e na bondade de Deus.

O Espírito de Verdade, guia espiritual de Allan Kardec, nos convida a praticá-la da seguinte maneira:

> "Venho dizer-lhes que elevem a sua resignação ao nível de suas provas, que chorem, porquanto a dor foi sagrada no Jardim das Oliveiras; mas, que esperem, pois que também a eles os anjos consoladores lhes virão enxugar as lágrimas."[14]

O convite é claro e profundo.

Quanto mais as dificuldades aumentam, nossa

---

14 O Evangelho segundo o Espiritismo - Capítulo VI - O Cristo consolador - Instruções dos Espíritos - Advento do Espírito de verdade - 6.

OS ESPÍRITOS E OS HOMENS

resignação deve crescer na mesma proporção. Devemos elevar nossa resignação ao mesmo nível das nossas provas e expiações. Mais dificuldades, mais resignação.

Antes de encarnarmos escolhemos as provas e expiações necessárias para o nosso progresso. Escolhemos e Deus o permitiu, por respeito às leis por Ele estabelecidas: lei de liberdade, lei de progresso, lei de justiça, lei de amor e de caridade.

Por que recusarmos o que escolhemos se somos merecedores? Toda recusa é oportunidade perdida. É ingratidão. É tempo que não volta mais, ou melhor, que só retornará em condições mais difíceis.

Se valorizamos tanto a liberdade e a justiça, por que a revolta quando é da nossa dor que se trata? A dor alheia pesaria menos na nossa avaliação?

Nossas escolhas são nossas escolhas com todas as suas consequências inevitáveis. É no cumprimento da lei de liberdade e do progresso que escolhemos o caminho a ser percorrido. A lei de justiça dá sempre a cada um segundo as suas obras. A lei de amor e caridade nos dá o auxílio divino por meio dos Espíritos Elevados. Deus fez e faz a sua parte, o resto cabe a nós.

ANA

Compreendo. No entanto, não consigo entender a justificativa que o Espírito de Verdade deu no texto citado por você. Ele disse que devemos elevar nossa resignação ao nível de nossas provas, justificando isso ao dizer: *"que chorem, porquanto a dor foi sagrada no Jardim das Oliveiras"*.

RENÊ

Bem lembrado, Ana. O texto é profundo e rico. Com se sabe, o Jardim das Oliveiras (ou Getsémani) foi o local em que Jesus orou com os seus discípulos antes da traição de Judas e de sua prisão. Local que marca assim o início das dores e sofrimentos que Jesus passaria a partir dali até a sua crucificação.

Meditemos!

Se Jesus, que já era um Espírito Puro, não mais necessitando das provas e expiações da vida material, soube aceitar a dor e o sofrimento, com absoluta resignação, por que não aceitarmos a parte que nos cabe? Se para ele, que não merecia nem necessitava de sofrimento e dor, a dor foi sagrada. Mais sagrada ainda deveria ser para todos nós, Espíritos Imperfeitos, que merecemos e precisamos das provas e expiações na Terra.

Tão sagrada deveria ser para nós, que diante das dificuldades e sofrimentos só nos restaria dizer: *bendito seja, Senhor, pela oportunidade que nos concede de resgatarmos os erros do passado e de avançarmos no caminho da felicidade eterna!*

PAULO

Algo ainda me incomoda. Se Jesus não merecia, e nem necessitava sofrer o que sofreu, onde estaria a misericórdia de Deus para com ele? Onde estaria a justiça divina? Por que Deus o deixou sofrer, já que ele nenhum mal praticara?

RENÊ

O sofrimento de Jesus foi decorrente de sua livre escolha e do amor dele e de Deus por todas as criaturas da Terra.

Além da justiça, não aquém, há uma lei de amor e de caridade.[15] O Espírito Elevado pode, por amor e caridade, escolher uma vida de dores e sofrimentos em benefício de outros. Deus o permite, por amor aos homens, e sem deixar de ser justo para com todos.

Não é renunciar à justiça, nem ser injusto. É ir além da justiça, ensinando aos homens o significado do amor incondicional. Amor renúncia. Amor puro e verdadeiro. É a prática da mais pura e desinteressada caridade para como todos os homens.

A misericórdia de Deus, se assim se pode dizer, só faz sentido quando aplicada aos Espíritos Imperfeitos. Por misericórdia divina devemos entender o perdão que Deus nos concede, dando a cada um de nós, Espíritos Imperfeitos, novas oportunidades de expiações e provas. Para nós, sim, faz sentido dizer que Deus é misericordioso, pois nos dá sempre novas chances de resgate e progresso. Não há na lei divina o castigo eterno.

Ao permitir a vinda de Jesus, Deus foi misericordioso para como os homens, que de misericórdia ainda precisam. Não para com Jesus, que dela não necessitava.

Jesus sabia, ao escolher encarnar na Terra, que sofreria as consequências de se viver no meio de Espíritos Imperfeitos, num mundo de provas e expiações. Foi uma atitude de renúncia, resignação e amor. Deus o permitiu por

---

15 Nota da Editora: O autor aborda com detalhes a lei de justiça, de amor e caridade no livro: "A ordem didática de O Livro dos Espíritos", desta mesma Editora.

respeito às leis de liberdade, de justiça, de amor e de caridade. As leis de Deus foram cumpridas por Jesus, todas elas.

Em resumo: a misericórdia de Deus pode ser entendida como um corolário da lei de justiça, de amor e caridade, mas que só se aplica quando necessário. Somente os Espíritos Imperfeitos precisam da misericórdia de Deus.

PAULO

Entendi. Mas, ainda não consigo compreender como conseguiremos praticar a resignação diante das dificuldades da vida.

Renê, mesmo para mim, que sou espírita e que acredita na justiça e na bondade de Deus, a prática da resignação parece ser muito difícil. Tão difícil quanto a eliminação do ódio pelo agressor. Parece que trocamos uma dificuldade por outra, tão grande ou maior.

Quando estamos vivendo momentos muito difíceis, a crença espírita, mesmo sincera, parece não ser o suficiente. As grandes dificuldades atrapalham o nosso raciocínio. As paixões que surgem nesses momentos graves são tão fortes, que as crenças parecem ficar pequenas e frágeis. Precisaríamos de alguma coisa como um analgésico para uma forte dor. Algo prático e imediato, que ao fazermos o resultado simplesmente aconteceria.

Nos mais graves momentos da vida, haveria algum método prático, simples, além da própria crença espírita, para nos ajudar na conquista desta virtude da resignação e na eliminação das más paixões? Estou pedindo algo milagroso?

RENÊ

Você não está pedindo algo milagroso. As paixões estão no campo dos sentimentos, não no da razão e das crenças. Crenças bem fundamentadas ajudam muito no controle das paixões, como explicamos anteriormente. No entanto, quando as paixões são muito fortes, precisamos de algo mais direto no domínio dos sentimentos, não no campo da razão e do argumento. Como você sugeriu, necessitamos de algo como um "analgésico", que diminua a intensidade das paixões más em todas as pessoas, principalmente durante as grandes dificuldades e sofrimentos humanos. Para isso, a proposta espírita precisa ir além das propostas das filosofias conhecidas, que apelam apenas para o domínio da razão e da imaginação. Precisamos ir além de Descartes em sua notável obra *As Paixões da Alma.*

O Espiritismo oferece um recurso prático que é muito eficiente para o controle das paixões e, também, para ajudar na prática da resignação. Esse algo é conhecido nas religiões como a *prece* ou a *oração.* Vejamos o que nos disse a respeito um Espírito, que foi um eminente filósofo quando viveu na Terra:

> "A prece é o orvalho divino que aplaca o calor excessivo das paixões."[16]

---

16 Santo Agostinho, Espírito, em *O Evangelho segundo o Espiritismo,* Capítulo XXVII - Pedi e obtereis - Instruções dos Espíritos - Felicidade que a prece proporciona.

Simples assim. Se orarmos, não importam nossas crenças, desde que a prece seja sincera e de coração, sentiremos uma diminuição na intensidade das nossas paixões. O texto de Santo Agostinho é claro: *"a prece aplaca o calor excessivo das paixões".*

Ao diminuir de intensidade as paixões, pela prece, elas ficarão num nível em que conseguiremos controlá-las. Como um analgésico que, ao diminuir a dor, tranquiliza os sentimentos e aclara as ideias.

Ah! A prece! Como ficamos melhor ao praticá-la!

É como o orvalho da manhã, nos preparando para um dia de muito calor e luta.

A alma penetra no reino da paz, da alegria e da inspiração. Seu coração pulsa diferente. Seus fardos e sofrimentos ficam mais leves e suportáveis. Sua razão se ilumina.

Santo Agostinho, o filósofo poeta, soube bem expressar esse estado especial que a prece nos conduz:

> "Avançai, avançai pelas veredas da prece e ouvireis as vozes dos anjos. Que harmonia! Já não são o ruído confuso e os sons estrídulos da Terra; são as liras dos arcanjos; são as vozes brandas e suaves dos serafins, mais delicadas do que as brisas matinais, quando brincam na folhagem dos vossos bosques. Por entre que delícias não caminhareis! A vossa linguagem não poderá exprimir essa ventura, tão rápida entra ela por todos os vossos poros, tão vivo e refrigerante é o manancial em que, orando,

> se bebe. Dulçorosas vozes, inebriantes perfumes, que a alma ouve e aspira, quando se lança a essas esferas desconhecidas e habitadas pela prece! Sem mescla de desejos carnais, são divinas todas as aspirações."[17]

Só aqueles que oram regularmente conseguem entender o significado profundo dessas palavras cheias de encanto e sabedoria.

Oremos sempre!

E descobriremos por nós mesmos a verdade dessas palavras sublimes.

MAX

Compreendo, Renê, a beleza poética do texto examinado. Mas, não parece que com a prece abandonamos o terreno da razão e da lógica, que é o da ciência e da filosofia, para adentrarmos no campo das religiões?

Respeito as religiões e suas práticas. Até mesmo posso concordar que os religiosos entrem em estados especiais de consciência durante as suas práticas.

No entanto, não vejo como a ciência ou a filosofia teriam alguma contribuição para dar. Parece que ficaríamos presos nas crenças individuais e nas preferências de cada um. Respeitável, mas que não se pode discutir com lógica e razão.

---

17 Ibidem.

Só seríamos capazes de ouvir, respeitosamente, mas jamais de aprender ou de discordar com argumentos.

Como você já fez questão de dizer várias vezes, inclusive no nosso encontro anterior, o Espiritismo seria uma ciência da alma e uma filosofia decorrente dela. Agora o Espiritismo entrou no campo exclusivo das religiões e suas práticas.

Seria isso, ou estou entendo errado?

RENÊ

Muito oportunas suas sinceras observações. Vejo que o nosso compromisso de expressarmos sempre os nossos pontos de vista, mesmo discordantes, está sendo mantido por você.

Não, Max. Como pretendo argumentar, com a prece não saímos, necessariamente, do domínio da ciência e da filosofia espíritas.

Claro que a prece é uma prática consolidada nas mais diversas religiões do planeta. Talvez uma das formas mais antigas de adoração.

Mas, da mesma forma que a discussão sobre Deus, ou sobre a alma, pode ser feita do ponto de vista filosófico, o que encontramos em grandes filósofos como, por exemplo, Agostinho, Descartes e Kant, a discussão sobre a prece também pode ser conduzida nos terrenos da ciência e da filosofia espíritas.

A prática da prece, dentro do Espiritismo, pode ser justificada e explicada científica e filosoficamente.

Kardec apresenta os fundamentos da prece

OS ESPÍRITOS E OS HOMENS

em algumas de suas obras, principalmente em *O Livro dos Espíritos*, no *Evangelho segundo o Espiritismo* e nas *Revistas Espíritas.*

Podemos utilizar dois argumentos favoráveis para a prática da prece: um argumento a partir da ciência espírita e outro a partir da filosofia espírita.

Do ponto de vista da ciência espírita, a prece é uma prática cujos efeitos salutares podem ser constatados pelos fatos e explicados a partir das leis sobre a natureza dos Espíritos e suas interações com os fluidos espirituais.

Na obra *A Gênese*, Kardec apresenta a teoria da ação dos Espíritos sobre os fluidos, demonstrando o poder do pensamento e dos sentimentos na determinação das qualidades dos fluidos. Diz ele:[18]

> "Tem consequências de importância capital e direta para os encarnados a ação dos Espíritos sobre os fluidos espirituais. Sendo esses fluidos o veículo do pensamento e podendo este modificar-lhes as propriedades, é evidente que eles devem achar-se impregnados das qualidades boas ou más dos pensamentos que os fazem vibrar, modificando-se pela pureza ou impureza dos sentimentos."

Por meio da evocação dos Espíritos, Kardec pôde constatar

18 A Gênese, cap. XIV, item Qualidade dos fluidos, item 16.

os efeitos da prece sobre os fluidos que compõem o perispírito. Ao mudar as qualidades desses fluidos, a prece interfere no corpo físico e na alma. O pensamento da alma em prece, ao ser secundado pelos Espíritos Superiores, muda as qualidades dos fluidos, dando-lhes recursos terapêuticos que melhoram a saúde do corpo e a disposição da alma.

Esse poder da ação magnética da prece sobre os fluidos é explicado por Kardec:

> "Por exercer a prece uma como ação magnética, poder-se-ia supor que o seu efeito depende da força fluídica. Assim, entretanto, não é. Exercendo sobre os homens essa ação, os Espíritos, em sendo preciso, suprem a insuficiência daquele que ora, ou agindo diretamente em seu nome, ou dando-lhe momentaneamente uma força excepcional, quando o julgam digno dessa graça, ou que ela lhe pode ser proveitosa."[19]

Assim, mesmo que o indivíduo que faça a prece seja uma pessoa com pouco recursos fluídicos ou morais, a prece sempre produzirá efeitos salutares graças ao auxílio dos Espíritos Superiores.

---

19 O Evangelho segundo o Espiritismo - Capítulo XXVII - Pedi e obtereis - Ação da prece. Transmissão do pensamento, item 14.

Além deste efeito sobre a matéria, por meio dos fluidos, a prece é um poderoso auxiliar para a alma no enfrentamento das suas paixões e na conquista do seu progresso moral.

Pela prece, diz Kardec, "obtém o homem o concurso dos bons Espíritos que acorrem a sustentá-lo em suas boas resoluções e a inspirar-lhe idéias sãs. Ele adquire, desse modo, a força moral necessária a vencer as dificuldades e a volver ao caminho reto, se deste se afastou."[20]

A prática da prece sendo, portanto, uma consequência dos ensinamentos da ciência espírita, ao recomendá-la não saímos do campo científico do Espiritismo.

As religiões recomendam e praticam a prece, sem apresentar um fundamento científico. Coube ao Espiritismo a explicação científica da prece e de seus efeitos salutares, ao apresentar a teoria da ação dos Espíritos sobre os fluidos.

ANA

Nunca tinha pensado na prece por esse ângulo. Para mim, era apenas uma prática religiosa. Se entendi o que você falou, a prece é uma consequência da ciência espírita porque ela decorre das leis fundamentais acerca dos Espíritos, com sua ação sobre os fluidos, e da experiência mediúnica por meio da evocação dos Espíritos. Os Espíritos relatam os efeitos da prece sobre eles e sobre os encarnados e esses efeitos podem ser explicados pela ciência espírita, pela ação dos Espíritos sobre os fluidos.

20 Ibidem, item 11.

PAULO

Dessa forma, teoria e experiência caminham juntas, como em qualquer boa ciência. Ao estabelecer a existência e a natureza dos Espíritos, bem como a existência do perispírito, com sua constituição fluídica que reflete os pensamentos, a ciência espírita deu os elementos teóricos necessários para a compreensão dos efeitos da prece. Junta-se a isso o fato de que tais efeitos podem ser comprovados pela experiência mediúnica ou pela comunicação com os Espíritos.

Entendo agora como se pode estabelecer um fundamento científico para a prática da prece. Mas, como se pode entendê-la do ponto de vista da filosofia espírita? Você disse, Renê, que também apresentaria argumentos filosóficos para a prática da prece.

RENÊ

Sim, Paulo. Apresentei apenas um esboço de como se pode justificar a prece pela ciência espírita, combinando teoria com experiência.

Do ponto de vista filosófico, o argumento pode ser proposto a partir da resposta que Kardec deu ao seguinte argumento contra a prece:

> "Há quem conteste a eficácia da prece, com fundamento no princípio de que, conhecendo Deus as nossas necessidades, inútil se torna expor-lhas. E acrescentam os que assim pensam que, achando-se tudo no Universo encadeado por leis eternas,

não podem as nossas súplicas mudar os decretos de Deus."[21]

Esse argumento filosófico contra a prece, foi respondido por Kardec da seguinte maneira:

> "Sem dúvida alguma há leis naturais e imutáveis que não podem ser ab-rogadas ao capricho de cada um; mas, daí a crer-se que todas as circunstâncias da vida estão submetidas à fatalidade, vai grande distância. Se assim fosse, nada mais seria o homem do que instrumento passivo, sem livre-arbítrio e sem iniciativa. Nessa hipótese, só lhe caberia curvar a cabeça ao jugo dos acontecimentos, sem cogitar de evitá-los; não deveria ter procurado desviar o raio."[22]

Kardec observa que há uma lei natural, a lei de liberdade, que deve ser respeitada. Deus criou os Espíritos, mas deu a eles o livre-arbítrio. Não há fatalidade nos acontecimentos da vida moral, como já discutimos em nosso encontro anterior.[23]

Se a vida moral depende de nossas escolhas (lei de liberdade), os acontecimentos morais podem mudar quando nossas escolhas são diferentes. Não há destino

---

21 O Evangelho segundo o Espiritismo - Capítulo XXVII - Pedi e obtereis - Eficácia da Prece, item 6.

22 Idem.

23 Veja o livro: Espírito e Matéria, da Editora Nobilità.

na vida moral. Cada nova escolha é como uma nova causa produzindo seus efeitos. Saber o que escolher e fazer as melhores escolhas nos dará um futuro mais feliz. Pedir ajuda a quem sabe para se fazer uma escolha melhor é uma atitude racional e de sabedoria. Assim, do ponto de vista filosófico, a prece se justifica pelo respeito ao livre-arbítrio como uma lei natural.

Temos, também, o direito de solicitar, ou mesmo de recusar, a ajuda de Deus e dos Espíritos Elevados nas nossas escolhas morais. Se queremos a interferência na nossa vida moral, por parte dos Espíritos Elevados, precisamos solicitar. Os Espíritos Elevados respeitam nossos desejos e pensamentos.

ANA

Mas, é sempre assim? Eles não nos ajudam, se não solicitarmos? Eu ajudaria uma pessoa que amo mesmo quando ela não me pedisse. Nosso anjo de guarda é um Espírito Elevado e nos ama, assim ele só nos ajudaria quando solicitado por nós?

MAX

Acho que não foi isso que o Renê quis dizer, Ana. Claro que podemos ajudar a quem não nos solicita. Mas, se respeitamos o livre-arbítrio dos outros, precisamos saber exatamente até onde devemos ir na nossa assistência a quem precisa. Se o objetivo da ajuda é contribuir para o progresso moral do assistido, como parece ser o caso dos chamados *anjos guardiães,* não

OS ESPÍRITOS E OS HOMENS

se deve desrespeitar a liberdade das escolhas morais. Temos o direito de fazer escolhas erradas, sofrendo as consequências disso. Ninguém, que seja um verdadeiro educador, deve obrigar o educando a escolher contra a sua própria vontade ou escolher no seu lugar.

RENÊ

Ana, além do que disse o Max, observe que quando nós solicitamos uma ajuda, o resultado será muito mais eficiente. Ao pedirmos, pela prece, a ajuda dos Espíritos Elevados já nos colocamos na posição daquele que quer ser ajudado e, assim, estaremos mais dóceis aos conselhos e inspirações que deles receberemos. O educando que quer ser educado se esforçará para colocar em prática as recomendações recebidas. É por isso que Jesus recomendou:[24] "ajuda-te a ti mesmo que o céu te ajudará". O processo de transformação moral depende do esforço de cada um. Não mudaremos nossos sentimentos e desejos sem que façamos a parte que nos cabe. Ninguém pode evoluir em nosso lugar ou nos obrigar a ser o que não queremos.

Por outro lado, quando oramos nos colocamos em sintonia com os Espíritos Elevados, que afastam de nós os Espíritos Inferiores. Estes, por não respeitarem o nosso livre-arbítrio, interferem em nossa vida mesmo quando não solicitados. São atraídos por nossos

---

24 O Evangelho segundo o Espiritismo - Capítulo XXV - Buscai e achareis - Ajuda-te a ti mesmo, que o céu te ajudará- item 2.

sentimentos e pensamentos ruins; como também agem sobre nós por inveja ou simplesmente por desejarem o mal para os outros. Por isso, precisamos estar em constante vigilância. A prece é o principal meio de nos livrarmos dessas influências malévolas, até que estejamos imunes às tentações do caminho. O que só acontecerá quando atingirmos o estado dos Espíritos Elevados. Até lá, precisaremos sempre dos recursos que só a prece proporciona.

A prece dos Espíritos Elevados é um dever de gratidão a Deus. A dos Espíritos Inferiores é uma necessidade para o nosso próprio equilíbrio interior. Sem a prece, ficamos à mercê das influências do mal e das nossas próprias imperfeições. Imagine um barco com um piloto inexperiente e num mar revolto!

Concluindo, a prece não é apenas uma prática das religiões; a ciência e a filosofia espírita justificam a sua utilização e explicam os seus efeitos salutares. Ao propormos a prece, não saímos do campo da ciência e da filosofia espíritas, como achava nosso amigo Max.

...

De novo, somos escravos do tempo. A hora está avançada. Precisamos parar nossos estudos para o banho e para o jantar. Retornaremos amanhã cedo. Até daqui a pouco.

TERCEIRO
diálogo

No segundo dia, logo
após o café da manhã,
o diálogo continua.

3

TERCEIRO DIÁLOGO

RENÊ

Estamos de volta.
Quem quer recomeçar?

ANA

Suas observações sobre as influências dos Espíritos maus me provocaram dúvidas sobre aquilo que os espíritas chamam de obsessão. Essa ação dos Espíritos maus é o que se chama de *obsessão?* Toda influência dos Espíritos maus sobre os homens é uma obsessão?

PAULO

Ana, antes de tratarmos de sua dúvida, ainda tenho uma questão sobre a prece que me propus ontem após o nosso jantar.

Renê, a prece não poderia ser vista como uma prática da religião espírita? Não seria por propor a existência de Deus e a prática da prece que o Espiritismo pode ser considerado uma religião?

RENÊ

Ana, vamos deixar essa sua questão para daqui a pouco. Esse tema da obsessão é muito rico. Eu pretendia mesmo abordá-lo, pois ele faz parte do nosso tema geral que é tratar das interações entre os Espíritos e os homens.

Paulo, de novo, entramos no terreno do significado das palavras, tão importante para evitarmos conflitos de interpretação.

Como sabemos, todas as palavras têm muitos significados ou sentidos. São polissêmicas.

Os especialistas costumam destacar, pelo menos, dois tipos de polissemias: a simétrica e a assimétrica.

A polissemia simétrica ocorre quando uma palavra não tem um sentido dominante. Todos os seus sentidos são comumente utilizados pelas pessoas. Fora do contexto de uso você não saberia dizer qual o sentido que está sendo usado. Assim, por exemplo, as palavras *cabo* e *soldado* na frase: "O cabo foi soldado". Se tomamos essa frase fora de um dado contexto, não sabemos o que se quer dizer com ela. A palavra *cabo*, nessa frase isolada, tanto pode significar "cabo de uma panela", "cabo de uma rede de computadores" ou mesmo "a posição na hierarquia militar que vem depois da de soldado". Todos esses sentidos para a palavra *cabo,* nessa frase isolada, são igualmente possíveis. Não há um sentido dominante.

Na polissemia assimétrica é diferente. Existe um sentido que se coloca em primeiro lugar. Você não precisa explicá-lo. As pessoas entendem de pronto. Assim, é o caso da palavra *religião*. Se você pergunta qual a religião de uma pessoa, ela imediatamente entende o que você quer dizer. Se você diz que uma crença é uma religião a pessoa saberá do que se trata.

Qualquer pessoa está acostumada a identificar algumas características que são comuns às crenças que são denominadas de *religião*. Uma religião contém práticas exteriores de adoração e cultos, um conjunto de princípios tomados como dogmas, uma hierarquia de representantes, templos de adoração e cultos, cerimônias, etc.

Fica fácil perceber porque, nesse sentido dominante ou usual da palavra *religião*, não se pode dizer que o Espiritismo é uma religião.

Kardec justifica porque nunca usou a palavra *religião* para o Espiritismo:

> "Porque não há uma palavra para exprimir duas ideias diferentes, e porque, na opinião geral, a palavra religião é inseparável da ideia de culto; porque ela desperta exclusivamente uma ideia de forma, que o Espiritismo não tem. Se o Espiritismo se dissesse religião, o público não veria aí senão uma nova edição, uma variante, se quiserem, dos princípios absolutos em matéria de fé; uma casta

> sacerdotal com seu cortejo de hierarquias, de cerimônias e de privilégios; ele não o separaria das ideias de misticismo e dos abusos contra os quais tantas vezes a opinião pública se levantou."[25]

ANA

Mas, se isso foi dito de forma tão clara por Kardec, por que o Espiritismo tem sido chamado de uma religião? No sentido que você apresentou, o Espiritismo não contém nenhuma das características descritas para uma religião. Características que estão presentes nas principais religiões cristãs, como o catolicismo ou o protestantismo. Por que então é tão comum dizer nos dias de hoje que o Espiritismo é uma religião?

RENÊ

As pessoas se sentem confortadas e felizes por acreditarem em Deus e pensam que a crença em Deus só é possível dentro de uma religião. Mesmo sabendo que sua crença espírita não tem nenhuma das principais características das diversas religiões conhecidas, elas acabam adotando a palavra *religião* para designá-la. Sentem-se bem ao dizer que possuem uma religião.

Além disso, a palavra *religião* tem também

---

25 Revista Espírita, 1868, dezembro, Sessão anual comemorativa dos mortos, Discurso de abertura pelo sr. Allan Kardec.

outros significados, embora não usuais.

Assim, por exemplo, ao se dizer que "a democracia é sua religião", a palavra *religião* está sendo usada para designar algo como "princípios defendidos como ardor e fé". Também se pode dizer "a religião da amizade" ou "a religião da família", no sentido de "um laço moral que une as pessoas entre si".

Foi por isso que Kardec afirmou:

> "Dissemos que o verdadeiro objetivo das assembleias religiosas deve ser a comunhão de pensamentos; é que, com efeito, a palavra religião quer dizer laço. Uma religião, em sua acepção ampla e verdadeira, é um laço que religa os homens numa comunhão de sentimentos, de princípios e de crenças."[26]

Se tomarmos a palavra *religião* nesse sentido específico, não usual, chamado por Kardec de sentido filosófico, então podemos dizer que o Espiritismo é uma religião. Foi o que fez Kardec:

> "Se assim é, perguntarão, então o Espiritismo é uma religião? Ora, sim, sem dúvida, senhores; no sentido filosófico, o Espiritismo é uma religião, e nós nos glorificamos por isto, porque é a doutrina que funda os laços da fraternidade e da

26 Ibidem.

comunhão de pensamentos, não sobre uma simples convenção, mas sobre as mais sólidas bases: as próprias leis da Natureza."[27]

Concluindo, podemos utilizar a palavra *religião* para o Espiritismo, mas é importante deixar claro que se trata do sentido filosófico da palavra, para se evitar confusão de ideias.

MAX

Aproveito para levantar outra questão de terminologia. Você, Renê, também afirma que o Espiritismo é uma filosofia. Embora o Espiritismo trate de temas que as filosofias também tratam, é fácil verificar que ele não é um sistema filosófico, como o de Descartes ou Kant. Se não é um sistema filosófico, qual o sentido de filosofia que está sendo atribuído ao Espiritismo?

RENÊ

Rapidamente, vamos nos lembrar como Kardec definiu o Espiritismo:

> "O Espiritismo é, ao mesmo tempo, uma ciência de observação e uma doutrina filosófica. Como ciência prática ele consiste nas relações que se estabelecem entre nós e os espíritos; como filosofia, compreende todas as consequências morais que dimanam dessas mesmas relações."[28]

27 Ibidem.
28 O que é o Espiritismo? Preâmbulo.

Com esta definição, Kardec deixa claro o que é o Espiritismo. O Espiritismo, ao estabelecer os princípios de uma ciência de observação da alma, deve estudar as leis fundamentais que regulam as relações entre os Espíritos e os homens, ou entre o mundo dos Espíritos e o mundo corporal. Aí está a sua parte de ciência prática.

Como filosofia, o Espiritismo estuda as consequências morais que surgem a partir da compreensão das leis que regulam essas relações entre os dois mundos.

A filosofia espírita não é assim uma filosofia puramente especulativa, como os sistemas filosóficos tradicionais. Sua filosofia é baseada na própria ciência espírita. O uso da razão e da imaginação na filosofia espírita deve ser sustentado nos resultados da ciência espírita.

Por isso, pôde afirmar Kardec que *O Livro dos Espíritos* estabelece *"os fundamentos de uma filosofia racional, isenta dos preconceitos do espírito de sistema"*.[29]

Não é um sistema filosófico para competir com os já existentes. É uma filosofia que se apoia numa genuína ciência da alma. Saímos do terreno dos sistemas filosóficos para adentrarmos no espaço moderno de uma filosofia de uma ciência. No mesmo sentido em que hoje se faz uma filosofia da física ou da mecânica quântica.

Para fazer filosofia espírita é imprescindível conhecer a ciência espírita. Não há filosofia espírita sem a ciência espírita. Não se pode aprofundar uma sem a outra.

---

29 O Livro do Espíritos, Prolegômenos.

OS ESPÍRITOS E OS HOMENS

O Espiritismo é uma ciência de observação e uma filosofia construída a partir dessa ciência.

Concluindo, podemos afirmar que o Espiritismo é uma filosofia, no sentido moderno de uma filosofia de uma ciência.

Se não há mais questões sobre esse assunto, podemos voltar para as dúvidas que ficaram pendentes.

ANA

Eu tinha feito uma pergunta sobre como entender a visão de Deus pelo Espíritos Elevados, lembram-se?

PAULO

Vou reapresentar o item que deu origem à sua pergunta sobre a visão de Deus:

244. Os Espíritos veem a Deus?

> "Só os **Espíritos superiores** O veem e compreendem. Os **inferiores** O sentem e adivinham." [Grifos nossos]

Também não consigo entender essa possível percepção de Deus. Sendo Deus imaterial e infinito, como seria possível enxergá-lo? Toda visão é sempre de algo material e finito, ou estou errado?

RENÊ

Estamos diante do problema das sensações e percepções dos Espíritos Elevados. Como ainda somos Espíritos Inferiores, e ainda encarnados, não conseguimos nem mesmo imaginar como se dariam as percepções dos mais elevados Espíritos. Por isso a pergunta de Kardec aos Espíritos foi necessária. Se nós não vemos Deus, e Ele é imaterial e infinito, poderíamos apressadamente concluir que ninguém poderia vê-lo. A resposta dos Espíritos, no entanto, colocou a faculdade de ver Deus, atribuída aos Espíritos Superiores, como um fato do mundo dos Espíritos. Assim, alguns Espíritos veem a Deus, isso é um fato, quer sejamos ou não capazes de compreendê-lo.

Uma outra questão se coloca imediatamente: Que Espíritos podem percebê-lo?

Somente os Espíritos Puros podem ter a percepção de Deus, conforme observa Kardec:

> "Sendo Deus a essência divina por excelência, unicamente os Espíritos que atingiram o mais alto grau de desmaterialização o podem perceber."[30]

Contudo, nossa razão, aliada à nossa natural curiosidade, certamente irá perguntar ainda: Como seria essa percepção de Deus? Vejamos como Kardec respondeu:

> "Sob que aparência se apresenta Deus aos que se tornaram dignos de vê-lo? Será sob uma forma qualquer? Sob uma figura humana, ou como um foco de resplendente luz? A linguagem humana é impotente para dizê-lo, porque não existe para nós nenhum ponto de comparação capaz de nos facultar uma ideia de tal coisa. Somos quais cegos

---

30 A Gênese, Cap. II, A visão de Deus.

OS ESPÍRITOS E OS HOMENS

de nascença a quem procurassem inutilmente fazer compreendessem o brilho do Sol."[31]

A resposta de Kardec pode parecer frustrante, mas na verdade é a única que nossa razão consegue formular e concluir a partir do conceito de Deus, como inteligência suprema e causa primeira, e de seus atributos de perfeição.

Nossa capacidade de compreensão depende de nossas percepções, faculdades e ideias. Somente quando tivermos alcançado novas faculdades e percepções, com a depuração completa do nosso perispírito, é que conseguiremos perceber Deus. Até lá, nem mesmo conseguimos imaginar algo que satisfaça à nossa razão.

Se os Espíritos Superiores não foram capazes de nos dizer, é melhor pararmos por aí. Faltam termos de comparação. Nossa linguagem e nossas ideias são insuficientes para expressar a percepção de Deus dada aos Espíritos Puros. Só podemos aceitar que tal percepção é possível para eles, mas não podemos compreendê-la.

ANA
Como você mesmo disse de início, entramos no campo das percepções e sensações dos Espíritos. Claro que imaginar como seriam as sensações e percepções dos Espíritos Puros, que não sofrem mais a influência da matéria e que possuem um perispírito tão etéreo, é mesmo impossível.

---

31 Ibidem.

Mas, e sobre as sensações e percepções dos outros Espíritos, daqueles que se encontram na erraticidade e, por isso, ainda não atingiram a perfeição, o que podemos compreender? Os Espíritos errantes têm as sensações e percepções análogas às nossas?

RENÊ

Já havíamos tocado rapidamente nessa temática em nosso encontro anterior.[32] Lá demonstramos, usando os argumentos das obras de Kardec, que o perispírito não possui órgãos e que as sensações chegam ao Espírito por todo o perispírito e não de forma localizada, como ocorre com o nosso corpo físico.

Kardec explica as sensações dos Espíritos de forma direta e bem simples:

> "O envoltório semimaterial do Espírito constitui uma espécie de corpo, de forma definida, limitada e análoga à do corpo físico. Mas esse corpo não tem os nossos órgãos e não pode sentir todas as nossas impressões. Entretanto, percebe tudo quanto percebemos: a luz, os sons, os odores, etc. Estas sensações não são menos reais, embora nada tenham de material; têm, até, algo de mais claro, de mais preciso, de mais sutil, porque lhe chegam sem intermediário, sem passar pela fieira dos órgãos

---

32 Vide o livro "Espírito e Matéria" da Editora Nobiltà.

OS ESPÍRITOS E OS HOMENS

que as embotam. A faculdade de perceber é inerente ao Espírito; é um atributo de todo o seu ser. As sensações lhe chegam por todos os lados, e não através de canais circunscritos."[33]

Notem que, embora tenham as nossas percepções, e muitas outras que não podemos ainda compreender, o processo de percepção nos Espíritos é diferente de quando estão encarnados no corpo físico. Nossos órgãos físicos necessitam de meios ou veículos materiais que interagem com eles possibilitando a percepção. Os Espíritos enxergam por outros meios:

> "Em virtude da conformação de nossos órgãos, necessitamos de certos veículos para as sensações. É assim que necessitamos da luz para refletir os objetos e do ar para nos transmitir os sons. Esses veículos se fazem inúteis, desde que não tenhamos mais os intermediários que os tornam indispensáveis. Assim, pois, o Espírito vê sem auxílio de nossa luz e ouve sem necessidade das vibrações do ar."[34]

PAULO

E como se daria o processo da percepção dos Espíritos? Se não há órgãos, nem meios de transmissão, como eles enxergam, ouvem, sentem odores, etc.? Como os Espíritos explicaram o processo?

---

33 Revista Espírita, 1859, Abril, Quadro da vida espírita.
34 idem.

RENÊ

Não explicaram. Os Espíritos Superiores, que provavelmente estudam e sabem explicar o processo, nada disseram ou não puderem dizer por faltar termos de comparação. Se o processo não tem analogia com o que ocorre no nosso corpo físico, como explicar para nós?

Todo conhecimento novo deve partir de elementos já conhecidos e que possam ser combinados ou modificados pelo nosso pensamento ou imaginação. É preciso dar tempo ao tempo, para que nossas percepções e ideias possam evoluir o suficiente para permitir uma futura explicação desse processo de percepção dos Espíritos que não depende de órgãos e intermediários materiais. Até lá, ficaremos com o que os Espíritos disseram a Kardec:

> "Sabemos que no Espírito há percepção, sensação, audição, visão; que essas faculdades são atributos do ser todo e não, como no homem, de uma parte apenas do ser; mas, de que modo ele as tem? Ignoramo-lo. Os próprios Espíritos nada nos podem informar sobre isso, por inadequada a nossa linguagem a exprimir ideias que não possuímos, precisamente como o é, por falta de termos próprios, a dos selvagens, para traduzir ideias referentes às nossas artes, ciências e doutrinas filosóficas."[35]

Respondida a pergunta da Ana sobre a visão de Deus,

---

35 Ibidem.

vamos agora discutir a outra questão dela sobre a obsessão, que pulamos sem querer e ninguém percebeu.

ANA

Minha dúvida é se podemos chamar de *obsessão* todas as influências dos Espíritos maus sobre os homens.

RENÊ

Kardec usou a palavra *obsessão* num sentido técnico bem mais restrito. Não é toda influência dos Espíritos maus sobre um indivíduo que se deve chamar de *obsessão*. Não é pelo fato de sofrermos uma influência de um mau Espírito que estamos obsediados. Para que uma influência seja uma obsessão, no sentido usado por Kardec, são necessárias algumas condições. Vejamos, nas próprias palavras de Kardec:[36]

> "Chama-se obsessão à ação persistente que um Espírito mau exerce sobre um indivíduo."

Do texto, destacamos duas características fundamentais da obsessão.

Primeiro, que seja uma ação persistente, isto é, uma influência que ocorra de vez em quando não deve ser chamada de *obsessão*. Na obsessão o Espírito mau atua persistentemente, não apenas eventualmente. Essa persistência em influenciar o indivíduo para o mal é a principal característica da obsessão.

---

36 A Gênese, capítulo XIV, Os fluidos, Obsessões e Possessões.

Todos sofremos influências eventuais dos Espíritos maus em momentos de fraqueza, em que cultivamos pensamentos, sentimentos ou desejos maus. Essa influência eventual dos maus Espíritos, que ocorre sobre os Espíritos Imperfeitos, é uma consequência das leis naturais de liberdade e de interação entre todos os Espíritos. É o resultado das qualidades morais da alma e das propriedades do perispírito e dos fluidos que refletem essas qualidades morais. Nossos pensamentos dão qualidades aos fluidos e atraem pensamentos e fluidos de mesma qualidade. Escolhemos livremente as companhias que conosco simpatizam, pela similitude de pensamentos, sentimentos e desejos. Nesse mundo moral, vale a lei: "semelhantes atraem semelhantes".

Mas, essa influência eventual, mesmo produzindo grandes males, não deve ser chamada de *obsessão*. Essa influência eventual é facilmente combatida, basta mudar os pensamentos, sentimentos e desejos. Muita vezes uma simples prece, sincera e de coração, dirigida ao nosso anjo guardião é suficiente para afastá-la.

Na obsessão, o processo de tratamento requer mais atenção e cuidado, variando de caso a caso. Exigindo, de acordo com a gravidade do caso, a interferência e a ajuda de outras pessoas. Por isso, é importante fazer essa distinção.

Saber quando se trata de uma simples influência, ou quando se trata de uma obsessão, é fundamental para a determinação dos meios de tratamento. Não se trata, portanto, de uma simples questão de palavras. Embora semelhantes em alguns aspectos, são fenômenos distintos, com muitas causas e muitos efeitos diferentes. Fazer essa distinção é como fazer um diagnóstico preciso, para se determinar os procedimentos mais adequados para o tratamento.

Segundo, que seja a ação de um Espírito mau sobre o indivíduo. Nunca a influência de um Espírito Bom pode ser chamada de obsessão. Daí a importância de se conhecer a Escala Espírita para se determinar a qualidade moral do Espírito que esteja influenciando o indivíduo. Muitas vezes na obsessão, por orgulho, o indivíduo acha que não está sofrendo uma influência má. O Espírito obsessor se faz passar por um Espírito Elevado, iludindo e enganando o indivíduo. Neste caso, a ajuda de outras pessoas pode ser indispensável.

PAULO

Foi pensando na gravidade dos diversos casos de obsessão que Kardec propôs os três tipos de obsessão: obsessão simples, fascinação e subjugação. Essa classificação nos ajudaria a identificar os meios de tratamento de acordo com o tipo de obsessão. Assim, todos nós teríamos os meios mais adequados para tratarmos das obsessões em qualquer pessoa.

ANA

Espera aí, Paulo, do que você está falando? Não conheço essa terminologia sobre os tipos de obsessão.

RENÊ

O Paulo se refere à classificação que Kardec apresenta para a obsessão na obra "O Livro dos Médiuns". Antes, no entanto, de esclarecermos o significado de cada um desses termos usados nessa classificação da obsessão, cabe observar, Paulo, que essa classificação só se aplicaria para a obsessão sofrida pelos médiuns, não para qualquer obsessão.

PAULO

Como assim? Essa não é uma classificação geral para todos os tipos de obsessão? Toda obsessão não seria classificada por algum desses três tipos? Que outros tipos de obsessão haveriam?

RENÊ

Tenha calma, vou explicar melhor. Como veremos a seguir, ao apresentarmos as definições desses três tipos de obsessão, Kardec apresentou apenas a classificação das obsessões que podem sofrer os médiuns. Não classificou as obsessões sofridas pelas pessoas que não possuem a faculdade mediúnica.

Vejamos sua classificação.

Diz Kardec:[37]

> 238. Dá-se a obsessão simples, quando um Espírito malfazejo se impõe a um médium, se

---

37 O Livro dos Médiuns, capítulo XXIII, Da Obsessão.

OS ESPÍRITOS E OS HOMENS

> imiscui, a seu mau grado, nas comunicações que ele recebe, o impede de se comunicar com outros Espíritos e se apresenta em lugar dos que são evocados."

Veja que a definição de obsessão simples é clara, trata-se de uma influência persistente de um Espírito mau sobre um médium, não sobre um indivíduo qualquer que não seja um médium. Trata-se de uma ação para atrapalhar ou dificultar a prática mediúnica. Uma ação, portanto, exclusivamente sobre um médium, não sobre qualquer pessoa.

Para não deixar dúvidas que a obsessão simples é apenas sobre os médiuns, Kardec apresenta inclusive a forma adequada para o médium identificá-la e combatê-la:[38]

> "Na obsessão simples, o médium sabe muito bem que se acha presa de um Espírito mentiroso e este não se disfarça; de nenhuma forma dissimula suas más intenções e o seu propósito de contrariar. O médium reconhece sem dificuldade a felonia e, como se mantém em guarda, raramente é enganado. Este gênero de obsessão é, portanto, apenas desagradável e não tem outro inconveniente, além do de opor obstáculo às comunicações que se desejara receber de Espíritos sérios, ou dos afeiçoados."

---

38 Ibidem.

Paulo, se ainda tem dúvidas, experimente aplicar essa definição de obsessão simples para quem não é médium. Não é possível. Kardec não definiu o que seria uma obsessão simples num indivíduo que não é médium.

PAULO
Realmente, eu não havia notado isso. Sempre achei que qualquer pessoa poderia sofrer uma obsessão simples. Mas, e os outros tipos? Também são exclusivos para os médiuns?

RENÊ
Vejamos o segundo tipo de obsessão: a fascinação. Kardec assim a definiu:[39]

> "É uma ilusão produzida pela ação direta do Espírito sobre o pensamento do médium e que, de certa maneira, lhe paralisa o raciocínio, relativamente às comunicações. O médium fascinado não acredita que o estejam enganando: o Espírito tem a arte de lhe inspirar confiança cega, que o impede de ver o embuste e de compreender o absurdo do que escreve, ainda quando esse absurdo salte aos olhos de toda gente."

Novamente, é sobre o médium que Kardec está falando, não sobre qualquer pessoa.

Neste caso, a palavra fascinação poderia ensejar

---

39 Ibidem.

dúvidas, já que também podemos dizer que uma pessoa qualquer, sem mediunidade, pode ser fascinada. Mas, isso apenas mostra o que já sabemos, as palavras têm muitos significados. Quando dizemos que uma pessoa qualquer está fascinada, isso não significa que se trata do processo obsessivo denominado "fascinação" por Kardec, que se aplica exclusivamente aos médiuns. É importante saber a distinção. A palavra é a mesma, mas as causas e efeitos podem ser diferentes.

O terceiro e último tipo de obsessão mediúnica, a subjugação, foi assim definido por Kardec:[40]

> "A subjugação é uma constrição que paralisa a vontade daquele que a sofre e o faz agir a seu mau grado. Numa palavra: o paciente fica sob um verdadeiro jugo. A subjugação pode ser moral ou corporal. No primeiro caso, o subjugado é constrangido a tomar resoluções muitas vezes absurdas e comprometedoras que, por uma espécie de ilusão, ele julga sensatas: é uma como fascinação. No segundo caso, o Espírito atua sobre os órgãos materiais e provoca movimentos involuntários. Traduz-se, no médium escrevente, por uma necessidade incessante de escrever, ainda nos momentos menos oportunos. Vimos alguns que, à falta de pena ou lápis, simulavam escrever com o dedo,

---

40 Ibidem.

> onde quer que se encontrassem, mesmo nas ruas, nas portas, nas paredes."

Por fim, vemos que no caso da subjugação fica mais evidente a necessidade da faculdade mediúnica para que o Espírito obsessor possa fazer uso das faculdades corporais do médium, levando-o a produzir movimentos involuntários.

Não é nosso propósito aqui estudar com detalhes o texto de Kardec que trata do assunto. Apenas queríamos destacar, respondendo à pergunta da Ana, que nem toda influência má é uma obsessão; e, respondendo ao Paulo, que Kardec não fez uma classificação do processo obsessivo não mediúnico.

PAULO

E agora, por que Kardec não se preocupou com a obsessão em geral, apenas com a obsessão que podem sofrer os médiuns? Haveria alguma razão para isso? Ou Kardec deixou isso para outros fazerem?

RENÊ

Talvez porque a obsessão não mediúnica possa ser tratada pelos métodos descritos sobre a influência dos Espíritos em nossos pensamentos e atos. Isto é, pela prece, pelo cultivo dos bons pensamentos, sentimentos e desejos, e pela prática do bem.

A ação obsessiva de um Espírito mau sobre

um indivíduo que não é médium só poderia se dar por meio de uma influência mental ou moral, não por uma influência sobre uma faculdade mediúnica inexistente. A influência seria apenas moral e não também corporal, se assim podemos dizer.

Cabe ao indivíduo que não é médium cuidar de seu mundo mental ou moral e seguir a recomendação de Jesus: "Vigiai e orai, para não cairdes em tentação".[41]

No caso do médium obsediado o tratamento é mais complexo e exige técnicas diferentes de acordo com o tipo de obsessão. Muitas vezes as graves obsessões de fascinação ou subjugação exigem um tratamento com a ajuda de outras pessoas, por meio da conversação com o Espírito obsessor, do passe magnético e da orientação dos anjos guardiães.

Por outro lado, o médium desempenha um papel que pode ter impacto sobre muitas outras pessoas e não apenas sobre ele mesmo, causando graves prejuízos para a sociedade e para a divulgação do Espiritismo. Daí a importância para sociedade, e para o movimento espírita, saber identificar e tratar os casos de obsessão dos médiuns.

Foi o que observou Kardec:[42]

> "242. A obsessão, como dissemos, é um dos maiores escolhos da mediunidade e também um dos mais frequentes. Por isso mesmo,

41 Ibidem.
42 Mateus, 24:41.

não serão demais todos os esforços que se empreguem para combatê-la, porquanto, além dos inconvenientes pessoais que acarreta, é um obstáculo absoluto à bondade e à veracidade das comunicações. A obsessão, de qualquer grau, sendo sempre efeito de um constrangimento e este não podendo jamais ser exercido por um bom Espírito, segue-se que toda comunicação dada por um médium obsidiado é de origem suspeita e nenhuma confiança merece. Se nelas alguma coisa de bom se encontrar, guarde-se isso e rejeite-se tudo o que for simplesmente duvidoso."

Assim, conhecer com detalhes o processo obsessivo nos médiuns, suas causas e meios de combater a obsessão, constituem uma necessidade para a boa prática do Espiritismo, para o seu desenvolvimento consistente e para a sua divulgação.

O prejuízo causado ao desenvolvimento consistente do Espiritismo pelas produções dos médiuns obsediados tem sido muito grande. Algumas obras mediúnicas têm apresentado um pseudo-espiritismo, cheio de fantasias, falácias e contradições. Médiuns fascinados por Espíritos pseudo-sábios têm prejudicado o crescimento do Espiritismo no mundo ao apresentá-lo por meio de obras fantasiosas e contraditórias, muito distante da coerência e solidez da obra de Kardec. É lamentável que isso continue acontecendo, mesmo depois de estudarmos com Kardec esse capítulo admirável sobre a obsessão mediúnica e seus efeitos.

Estamos esquecendo de aplicar a essas obras o que nos disse Kardec no texto acima: "Se nelas alguma coisa de bom se encontrar, guarde-se isso e rejeite-se tudo o que for simplesmente duvidoso."

PAULO

Não foi preocupado com essas obras equivocadas, produzidas por médiuns fascinados, que Kardec propôs o "Controle Universal do ensino dos Espíritos"? Submetermos tudo aquilo que venha dos Espíritos ao princípio do Controle Universal do ensino dos Espíritos. Tema que ele abordou em algumas obras, como no início do "Evangelho Segundo o Espiritismo".

ANA

De novo o Paulo com seus termos técnicos de conhecimento dos espíritas. O que é isso chamado de "Controle Universal do ensino dos Espíritos"?

RENÊ

Esse é um tema que demanda certo tempo de discussão. Que tal tratarmos dele depois? Por ora, continuemos com as questões que já estão formuladas.

ANA

Muita coisa para fixar a atenção. Estou um pouco aturdida com tantas informações sobre a obsessão. Tenho uma questão que me intriga. Vimos que o processo obsessivo é uma consequência da ação dos Espíritos maus sobre os homens. Mas, pergunto, na ação dos Espíritos maus, como fica a liberdade do indivíduo? Os Espíritos podem nos fazer o mal mesmo contra a nossa vontade? Se a ação dos Espíritos é, principalmente, no mundo mental do homem, podem eles nos fazer o mal mesmo se não nos sintonizarmos com eles? O que regula essa ação dos maus Espíritos? É possível evitar o mal que os Espíritos maus querem nos fazer?

PAULO
Vejo que a Ana ficou aturdida mesmo. Quantas questões sobre a ação do Espíritos maus! Nossa indignação com a relidade do mal nos faz questionar a própria existência de Deus. Como pode Deus permitir que os Espíritos possam fazer mal aos homens? Ainda mais que os Espíritos atuam na surdina, escondidos de nossa percepção física, quando não somos médiuns, atuando no recôndito do nosso mundo mental, na intimidade de nossa vida moral. Como situar a ação divina nesses momentos em que o mal se faz presente no processo obsessivo?

RENÊ
Entendo. A existência do mal no mundo gera mesmo essas dúvidas. Principalmente quando pensamos na existência de um Deus justo e bom. Parece até uma contradição. Com certeza essa é uma das questões prediletas dos materialistas, para defender a não existência de Deus. Como conciliar o mal no mundo com a existência de um Deus justo e bom?

OS ESPÍRITOS E OS HOMENS

Mas, estudemos uma pergunta que talvez nos forneça as respostas que precisamos. Pergunta que se encontra nessa segunda parte de *O Livro dos Espíritos*:

> 551. Pode um homem mau, com o auxílio de um mau Espírito que lhe seja dedicado, fazer mal ao seu próximo?
>
> "Não; Deus não o permitiria."

Meditemos!

ANA

Agora complicou! Como um homem mau não pode fazer mal a um indivíduo? Não vemos todos os dias alguns homens maus fazendo o mal para outros e com a influência dos Espíritos maus? Não foi exatamente o que acabamos de discutir?

PAULO

Concordo com a Ana. Acabamos de estudar os tipos de obsessão e vimos como o mal pode ser feito pelo maus Espíritos nas diversas obsessões. Realmente, essa questão parece sem sentido, ou está faltando algo para nos ajudar.

RENÊ

Leiamos novamente com atenção. Mas é importante observar ao menos duas sugestões para uma boa leitura de um item qualquer desta extradorinária obra "*O Livro dos Espíritos*".

Primeiro, devemos examinar o contexto em que se encontra a questão. Recordemos que o item 551 faz parte de um tema dentro de um dado capítulo.

Segundo, observemos com atenção todas as palavras usadas no item, buscando se ater exclusivamente ao que está escrito, sem acrescentar nenhuma nova ideia que não esteja explicitamente escrita.

Notem bem que o contexto em que se encontra o item 551 é o capítulo IX, "Da Intervenção dos Espíritos no mundo corporal". O contexto trata da ação dos Espíritos sobre o mundo corporal. Isto é, do que os Espíritos podem ou não fazer no mundo corporal. O tema específico onde se encontra este nosso item 551 é: "Poder oculto. Talismãs. Feiticeiros." Trata do poder de ação dos Espíritos sobre os homens.

Sabendo do contexto, cabe a pergunta sobre o item que estamos analisando: quem será o executor final da ação má? Quem fará o mal ao seu próximo? O homem mau ou o mau Espírito? Isto é, quero saber quem será o agente que vai executar o mal ao próximo, não quem solicitou a ajuda para que o mal possa ser realizado ao próximo.

Entenderam?

Se você examina atenciosamente o contexto, verá que o executor final da ação seria o mau Espírito, não o homem mau que pedia a ajuda dele.

As objeções de vocês à pergunta 551 só são relevantes quando vocês pensam no mal sendo executado pelo homem, com a influência do mau Espírito. Claro que um homem mau pode fazer mal para uma outra pessoa, sob a influência dos Espíritos.

Por exemplo, um homem mau pode matar uma pessoa sendo influenciado por maus Espíritos. Mas, neste caso, o principal responsável é o homem mau, que poderia não ceder à influência dos maus Espíritos. O homem mau, neste caso, é o executor final da ação de matar ou de causar graves danos físicos à outra pessoa. O Espírito mau pode tê-lo estimulado ou influenciado, mas não é o executor final da ação. Aí está a diferença fundamental para a compreensão do item 551.

ANA

Veja se entendi. O que Kardec está perguntando neste item 551 é se um Espírito mau pode fazer diretamente o mal a um homem, ao ser solicitado por outro homem mau. Quem executaria a ação má seria o mau Espírito, não o homem mau. É sobre isso que a resposta diz que "Deus não o permitiria". Ou seja, Deus não permite que um mau Espírito faça o mal a uma pessoa a pedido de outra má pessoa. Seria isso?

PAULO

Boa explicação! Mas, mesmo assim, Ana, eu continuo discordando. Por que os maus Espíritos não poderiam fazer o mal a um homem a pedido de outro? Os Espíritos também podem fazer o mal diretamente, não apenas por intermédio dos homens.

RENÊ

É por isso, Paulo, que é importante a segunda sugestão

que fiz antes para uma boa leitura de um item de *O Livro dos Espíritos*. É preciso ater-se exclusivamente ao texto do item, àquilo que de fato está escrito. O texto pergunta se o mal pode ser feito dependendo apenas da vontade do Espírito mau e do desejo do homem mau. As únicas condições apresentadas no item 551 para que o mal pudesse ser feito a alguém são: a vontade e a ação do Espírito mau e o desejo de fazer o mal por parte do homem mau. O texto nada nos diz sobre o indivíduo que receberia a ação má. Pelo texto, o mal a ser sofrido não dependeria do merecimento do sofredor, ou de outras condições acerca das suas qualidades morais.

Raciocinemos mais!

Se os Espíritos pudessem fazer o mal aos homens, quando quisessem ou apenas quando um homem mau o solicitasse, como seria possível a justiça divina? E se o homem que sofreria a ação má dos Espíritos não a merecesse? A justiça divina dá a cada um segundo as suas obras. Se um homem não merecesse sofrer o mal a ser realizado por um Espírito mal, por que Deus o permitiria?

No entanto, você perguntou, Paulo: "por que os Espíritos maus não poderiam fazer mal a um homem?" Porque a ação dos Espíritos maus sobre os homens se dá sempre no plano dos pensamentos e das qualidades dos fluidos, nunca um Espírito mau poderia agir diretamente sobre a nossa matéria para fazer mal aos homens. As leis de Deus não permitem uma ação direta dos Espíritos maus sobre a matéria do mundo corporal

OS ESPÍRITOS E OS HOMENS

para fazer o mal a algum homem.

Por outro lado, os Espíritos maus podem agir sobre os nossos pensamentos, sentimentos e desejos, ou sobre a qualidade dos fluidos, para nos causar dificuldades e problemas. Mas, podemos sempre, de acordo com as leis de Deus, enfrentar essas dificuldades, impedindo que aconteça de fato o mal que os maus Espíritos tentam nos fazer. Ou seja, a ação má dos maus Espíritos sobre os homens sempre pode ser impedida, por nós mesmos ou pela intervenção dos Espíritos Bons. Assim é a lei de Deus sobre a intervenção dos Espíritos sobre o mundo corporal.

Quando os maus Espíritos atuarem sobre os nossos pensamentos, sentimentos e desejos, poderemos combatê-los mudando os nossos pensamentos, cultivando os mais nobres sentimentos e desejando sempre o bem. Desta forma, impedimos a ação deles sobre o nosso mundo mental.

Quando os maus Espíritos atuarem sobre nós com fluidos maléficos, poderemos combatê-los produzindo bons fluidos com os nossos bons pensamentos e sentimentos e com a ajuda dos Bons Espíritos por meio da prece.

Kardec explica muito bem como combater os maus Espíritos e sua influência fluídica:[43]

> "À invasão, pois, dos maus fluidos, cumpre
> se oponham os fluidos bons e, como cada

---

43 A Gênese, Capítulo XIV - Os fluidos - I - Natureza e propriedade dos fluidos - Qualidade dos fluidos, 21.

um tem no seu próprio perispírito uma fonte fluídica permanente, todos trazem consigo o remédio aplicável. Trata-se apenas de purificar essa fonte e de lhe dar qualidades tais, que se constitua para as más influências um repulsor, em vez de ser uma força atrativa. O perispírito, portanto, é uma couraça a que se deve dar a melhor têmpera possível.

Ora, como as suas qualidades guardam relação com as da alma, importa se trabalhe por melhorá-la, pois que são as imperfeições da alma que atraem os Espíritos maus. As moscas são atraídas pelos focos de corrupção; destruídos esses focos, elas desaparecerão. Os maus Espíritos, igualmente, vão para onde o mal os atrai; eliminado o mal, eles se afastarão. Os Espíritos realmente bons, encarnados ou desencarnados, nada têm que temer da influência dos maus."

ANA

Quem sabe possamos explicar o que disse o Renê dizendo que os maus Espíritos podem <u>tentar</u> nos fazer o mal, mas não necessariamente que o mal irá nos acontecer. Eles podem tentar, mas dependerá de nós mesmos, de nossas qualidades morais e do nosso merecimento, que o mal possa de fato nos acontecer. Deus não permite que os maus Espíritos nos façam

OS ESPÍRITOS E OS HOMENS

diretamente o mal, apenas permite que eles tentem fazê-lo, influenciando o nosso mundo mental ou dando qualidade aos fluidos, mas essas ações deles podem ser combatidas por nós.

PAULO

Mas, por que com as ações humanas é diferente? Por que os homens podem fazer o mal a outros homens, somente dependendo da vontade do malfeitor? É o que ocorre no caso de uma agressão fortuita ou no caso de uma assalto, por exemplo. A vítima geralmente não faz nada para merecer a agressão. Por que Deus permite nestes casos que o mal aconteça? Onde está a justiça de Deus?

MAX

No que diz respeito à ação direta dos maus Espíritos sobre os homens, concordo com o Renê sobre a injustiça que ocorreria caso Deus a permitisse. Pois, sendo os Espíritos invisíveis aos homens em condições normais, e atuando de forma que não se poderia prever, evitar ou combater, a ação má dos maus Espíritos sobre o mundo corporal seria uma ação de crueldade e de covardia. Deus teria dado poder para alguns de fazer diretamente o mal, sem dar condições a outros de enfrentamento ou de legítima defesa. Só um deus maligno poderia conceder tal poder!

Por isso, essa sua explicação de que a ação dos maus Espíritos sobre os homens ocorreria apenas nos níveis mental e fluídico, ambos dependentes da vontade e das qualidades morais do homem, é razoável e estaria de acordo com os conceitos de igualdade de merecimento, liberdade de escolha e justiça, que dá a cada um segundo as suas obras.

Entretanto, no que diz respeito ao mal realizado pelos homens, concordo com o Paulo. Onde estaria a justiça de Deus, ao permitir que homens maus façam o mal para pessoas boas e inocentes? Onde a lei de merecimento que foi citada?

Você poderia argumentar dizendo que os indivíduos que sofrem o mal de outros homens, sem que nada tenham feito de mal no presente, estariam pagando ou resgatando o mal que fizeram no passado. Concedo apenas parcialmente, pois como concordar com pagar uma dívida da qual não tenho lembrança nesta vida, nem aceitei as condições de pagamento? Qualquer dívida deve ser sempre paga, mas com respeito à liberdade de negociar as condições de pagamento.

A situação não fica ainda mais insustentável para o homem realmente bom, aquele que é uma encarnação de um Espírito Elevado? Onde estaria a justiça de Deus, neste caso em que o Espírito Bom encarnado não mereceria, nem precisaria, sofrer para progredir?

RENÊ
Primeiramente, é importante considerar o caso já evidenciado pelo Max, dos Espíritos Imperfeitos que sofrem uma vida de provas e expiações, e que por isso

OS ESPÍRITOS E OS HOMENS

estão sujeitos ao mal praticado por outros homens. Para explicar que a justiça divina ocorreu com o homem que sofreu o mal de outro, não é suficiente dizer que ele mereceria isso por ter feito o mal no passado. É necessário dizer também que, como o Max questiona, além de ter feito o mal no passado, ele escolheu livremente essa vida de provas e expiações para o seu progresso futuro. Conforme observa Kardec:[44]

> 258. Quando na erraticidade, antes de começar nova existência corporal, tem o Espírito consciência e previsão do que lhe sucederá no curso da vida terrena?
>
>> "Ele próprio escolhe o gênero de provas por que há de passar, e nisso consiste o seu livre-arbítrio."

Ao escolher antes de encarnar, ele sabia das dificuldades que enfrentaria. E, durante o sono do corpo, seu Espírito sabe e se prepara, com a ajuda de seu anjo guardião, para enfrentar aqueles momentos mais graves de sua existência corporal. Ele não está pagando uma dívida da qual não se recorda. Além disso, mais do que negociar as condições de pagamento, foi ele mesmo que escolheu essas condições e Deus o permitiu.

Assim, Deus, além de justo, é bom. Ele dá ao pecador as condições para resgatar o passado,

---

44 O Livro dos Espíritos.

respeitando a sua liberdade de escolha e oferecendo a ajuda dos Bons Espíritos.

Deus é soberanamente justo e bom. Falamos anteriormente da justiça, agora tratemos novamente da bondade divina, no caso citado pelo Max dos Espíritos Elevados.

Já havíamos tocado no assunto quando discutimos a misericórdia de Deus.

Sabemos que os Espíritos Elevados, quando encarnados, não recebem o mal de outros homens porque fizeram o mal no passado. Eles nada fizeram de mal para merecerem sofrer o mal como consequência. Estamos, como já dissemos várias vezes, além da justiça, não aquém dela. Eles sabiam, ao escolher encarnar entre os homens num mundo de provas e expiações, que sofreriam o mal. Sabiam também da importância de ensinar aos homens as leis de Deus, mesmo sofrendo com a maldade humana. Escolheram uma vida de sacrifícios e renúncia a nosso benefício. E Deus o permitiu para o cumprimento da lei de amor e de caridade. Não houve injustiça, pois houve respeito às leis de Deus: lei de liberdade e lei de amor e caridade.

...

Passamos da hora. Precisamos encerrar nossos estudos para almoçar. Depois de nosso breve repouso, após o almoço, retornaremos. Vamos almoçar, amigos?

QUARTO
diálogo

Logo após o almoço,
os quatro amigos
continuam o diálogo.

4

RENÊ
Então, ficaram questões pendentes?

ANA
Durante o intervalo do almoço, repassei minhas anotações e notei que ficaram pedentes duas questões: uma sobre o "castigo de Deus" e outra, do Paulo, sobre aquele assunto do "Controle Universal do ensino dos Espíritos". Por qual começamos?

RENÊ
Comecemos pelo tema do castigo de Deus. O que lhe incomoda Ana?

ANA
Não consigo aceitar a ideia de um "castigo de Deus". A palavra *castigo* tem o sentido de uma pena ou sofrimento imposto a um culpado, sem o compromisso de educá-lo. É o que ocorre com o castigo ou penalidade na nossa legislação humana. O resultado final do castigo

OS ESPÍRITOS E OS HOMENS

é apenas a imposição de uma dor ou sofrimento ao culpado. Como se a dor e o sofrimento fossem o único caminho para que o culpado não volte a praticar o mal e, então, ficar quite com a sociedade.

Veja o que aconteceu com os castigos escolares. A sociedade acabou aprendendo que não é esse o caminho para uma boa educação. Hoje não se fala mais nesse tipo de castigo. No processo educativo de nossas crianças aprendemos a dispensar esses castigos e a ensiná-las com muito mais eficiência.

Se assim aprendemos, como aceitar que Deus possa castigar ou punir o homem pecador?

MAX
Além do castigo e da punição não funcionar, como bem disse a Ana, no processo de reabilitação do culpado, sempre me incomodou o fato de que as vítimas, em geral, não recebem a reparação do mal que sofreram. Considere, por exemplo, o caso de um assassinato de um pai de família. O criminoso, se condenado, poderá ficar preso. Sofrendo a pena da reclusão por um período de tempo.

Mas, e a reparação da vítima?

Ademais dos sofrimentos morais, a família sofre com as necessidades materiais oriundas da falta dos recursos que eram fornecidos pelo trabalho deste pai. E, mais incrível ainda, a família da vítima, de maneira indireta, contribui com as despesas para manter o criminoso na cadeia, por meio dos impostos que é obrigada a pagar. Não deveria ser o contrário? Não caberia ao criminoso ter que pagar sua própria prisão e, além disso, ajudar no sustento dessa família que ele mesmo deixou desamparada? Ou seja, nosso sistema punitivo, baseado em castigo ou punição, está longe de ser um modelo justo. Não educa o criminoso, nem repara o mal que a vítima sofreu.

Como dizer então que Deus castiga? Deus não teria conseguido uma opção melhor do que a dos homens, para educar os criminosos e reparar as vítimas?

PAULO

Concordo com o Max e a Ana, nunca entendi por que na obra de Kardec aparecem as palavras *castigo* e *punição* ao culpado ou pecador. Sempre vi nessas palavras um resquício dos tempos antigos, em que esse parecia ser o único caminho para aplicar a justiça. Como entender os usos dessas palavras na obra de Kardec?

RENÊ

São muitas questões e argumentos que vocês estão propondo. Isso nos leva a tratar de alguns conceitos importantes sobre a justiça de Deus: culpado, bem e mal, punição ou castigo, reparação, justiça, etc.

Como já falamos muitas vezes, devemos buscar os sentidos das palavras usadas nas obras de Kardec dentro dessas próprias obras. Muito cuidado ao tomar para elas o sentido usual ou dominante que encontramos nos dicionários ou no senso comum.

Comecemos com o conceito de culpado ou

pecador. Quem é o pecador ou culpado? Vejamos como é explicado na obra de Kardec:[45]

> "Quem é, com efeito, o culpado? É aquele que, por um desvio, por um falso movimento da alma, se afasta do objetivo da criação, que consiste no culto harmonioso do belo, do bem, idealizados pelo arquétipo humano, pelo Homem Deus, por Jesus Cristo."

O culpado é aquele que procede em desacordo com a lei natural ou lei de Deus. Por isso, a referência no texto ao bem que deve ser praticado, tendo como modelo um Espírito Puro, Jesus.

Os conceitos de bem e mal são definidos da seguinte maneira:

630. Como se pode distinguir o bem do mal?

> "O bem é tudo o que é conforme à lei de Deus; o mal, tudo o que lhe é contrário. Assim, fazer o bem é proceder de acordo com a lei de Deus; fazer o mal é infringi-la."

Claro, já estou ouvindo na mente de vocês perguntas como: Quais são as leis naturais? Onde estão as leis de Deus? Como conhecê-las?

Não é nosso propósito neste encontro discutir esta temática. Precisaríamos de um longo tempo para isso.

---

45 O Livro dos Espíritos, item 1009.

Portanto, recomendo que vocês leiam a terceira parte da obra *O Livro dos Espíritos*, onde Kardec trata das leis morais.

Por agora, basta aceitar como verdadeiro aquilo que os Espíritos disseram a Kardec:

> 631. Tem meios o homem de distinguir por si mesmo o que é bem do que é mal?
>
>> "Sim, quando crê em Deus e o quer saber. Deus lhe deu a inteligência para distinguir um do outro."

Isto é, por ser de sua natureza, o homem tem inteligência suficiente para fazer a distinção entre o bem e o mal. A razão é capaz de ser um guia seguro para a compreensão das leis naturais. Sei que nos dias atuais pedir que aceitem essas premissas, é, talvez, pedir muito. Pois, estão na moda as propostas de relativismo ético.

Suponhamos, então, que racionalmente conseguimos fazer essa distinção entre o bem e o mal. Pelo menos usando algumas leis morais universais, como, por exemplo: "não matarás", "não roubarás", etc, que estão na base de diversas éticas.

Leis morais básicas que dão origem àquilo que se costuma chamar de *direitos naturais,* tais como: o direito de viver, de defender a própria vida, de trabalhar e de defender a propriedade legitimamente conquistada pelo trabalho. Conforme lemos em filósofos das éticas de leis naturais e em Kardec:[46]

---

46 O Livro dos Espíritos, item 882.

> "O que, por meio do trabalho honesto, o homem junta constitui legítima propriedade sua, que ele tem o direito de defender, porque a propriedade que resulta do trabalho é um direito natural, tão sagrado quanto o de trabalhar e de viver."

Muitos dos argumentos de vocês sobre a injustiça humana decorrem do uso da razão na busca de leis mais justas. Quando combatemos a ideia de castigo, que produz como resultado final apenas dor e sofrimento, sem educar o pecador, e de punição ao criminoso, sem a reparação à vítima, estamos buscando um sentido de justiça que satisfaça à nossa razão.

Só vamos chegar a construir uma sociedade verdadeiramente justa, quando nossa legislação estiver em concordância com a lei natural. Pois, como os Espíritos disseram a Kardec, a lei natural:

> "É a única verdadeira para a felicidade do homem. Indica-lhe o que deve fazer ou deixar de fazer, e ele só é infeliz quando dela se afasta."

Precisamos levar mesmo a sério essa afirmativa dos Espíritos. Não há outro caminho senão o de cumprir as leis de Deus. Por isso, o dever de todos nós espíritas é o de viver e divulgar o pensamento de Kardec e dos Espíritos Superiores que nos ensinam quais são essas leis naturais e como praticá-las.

Enquanto não praticarmos as leis naturais, teremos que conviver com uma sociedade injusta.

A escolha é nossa. Deus nos deu o livre-arbítrio e a capacidade de usar a razão para aprender as suas leis. Cada um escolhe o caminho a ser seguido, sem escapar de todas as consequências de sua escolha.

ANA
O culpado ou pecador é quem infringe as leis de Deus ou as leis naturais. Mas, o que é o castigo de Deus?

RENÊ
Novamente, vamos ler na obra de Kardec:[47]

> "Que é o castigo? A consequência natural, derivada desse falso movimento; uma certa soma de dores necessária a desgostá-lo da sua deformidade, pela experimentação do sofrimento. O castigo é o aguilhão que estimula a alma, pela amargura, a se dobrar sobre si mesma e a buscar o porto de salvação. O castigo só tem por fim a reabilitação, a redenção. Querê-lo eterno, por uma falta não eterna, é negar-lhe toda a razão de ser."

Inicialmente, cabe notar que o castigo divino é a consequência natural da infração da lei de Deus, não é algo que é atribuído por um juiz ou tribunal. Trata-se, portanto, de um efeito objetivo da lei, não uma

---

47   O Livro dos Espíritos, item 1009.

consequência de um julgamento subjetivo e arbitrário de outras pessoas. O castigo é inerente à própria lei natural, não é independente dela, como explica Kardec:[48]

> "Quando comeis em excesso, verificais que isso vos faz mal. Pois bem: é Deus quem vos dá a medida daquilo de que necessitais. Quando excedeis dessa medida, sois punidos. Em tudo é assim. A lei natural traça para o homem o limite das suas necessidades. Se ele ultrapassa esse limite, é punido pelo sofrimento. Se atendesse sempre à voz que lhe diz basta, evitaria a maior parte dos males cuja culpa lança à Natureza."

A punição de Deus é necessária para a educação do homem. É o meio que a natureza utiliza para ensinar ao homem o que deve ou não deve ser feito: a distinção entre o bem e o mal. O castigo divino é, por isso, sempre educativo. Tem por finalidade a melhoria ou o aperfeiçoamento do homem. Se cumprisse a lei de Deus, o homem seria feliz.

ANA
Há um tempo determinado para a duração do castigo divino? Durante quanto tempo o pecador sofrerá as consequências naturais do mal que praticou? Entendo que o castigo não seja dado por nenhum tribunal, mas e sua duração, como seria estabelecida na lei de Deus?

---

48 O Livro dos Espíritos, item 633.

RENÊ

A duração do castigo dependerá da continuidade ou não da prática do mal por parte do pecador. Pois, sendo a punição um efeito, todo efeito dura enquanto as suas causas continuem existindo. Foi por isso que Kardec disse, no mesmo texto que estamos discutindo:

> "A duração do castigo está subordinada ao aperfeiçoamento do Espírito culpado. Nenhuma condenação por um tempo determinado é pronunciada contra ele. O que Deus exige para pôr um fim aos sofrimentos, é um aperfeiçoamento sério, efetivo, e um retorno sincero ao bem."

MAX

Concordo com você no que diz respeito ao castigo como as consequências da ação do homem consigo mesmo.

Se uma pessoa come em excesso, se dá uma topada em uma pedra ou se cai de um penhasco, sua punição, na forma de dor e sofrimento, será consequência das leis naturais, sem que haja necessidade de nenhum julgamento.

Posso aceitar, também, considerando o que você já explicou sobre as qualidades dos fluidos, que quando a alma tem pensamentos, sentimentos e desejos maus, podem surgir dores e sofrimentos nela e no próprio corpo, pelas qualidades maléficas dos fluidos produzidos. Assim, a punição de Deus para pensamentos maus aconteceria automaticamente, de acordo com as leis naturais. Não havendo necessidade de nenhum julgamento prévio para que a pena pudesse ser aplicada.

Ainda poderia aceitar que quando o homem pratica o mal receberá automaticamente certos sofrimentos decorrentes de sua ação, como por exemplo, o sentimento de remorso, os malefícios dos fluidos ruins necessariamente associados ao pensamento mal que acompanha a ação, a possível reação danosa da vítima ou de outras pessoas, etc. Isto é, as ações no mal podem produzir automaticamente castigos, como dores e sofrimentos, para quem pratica o mal, como consequências das leis naturais, sem nenhuma necessidade de julgamentos prévios.

No entanto, algo me incomoda, como tentei dizer antes.

Em todos os casos que acabei de citar, o castigo divino ocorreria para quem praticou o mal.

Mesmo concordando que esse castigo seja educativo, que as dores e sofrimentos não seriam o resultado final de tudo, mas apenas meios naturais para ensinar o caminho do bem, ainda assim, o que fica para a vítima do mal praticado por alguém? A vítima não recebe nenhuma forma de reparação? A lei natural castiga apenas o pecador, sem cuidar da vítima? Não me parece justo.

Que a punição ou castigo de Deus seja, como você propõe, consequência natural das ações, estou de acordo. Nada melhor do que a punição ser uma consequência natural do mal praticado, sem as arbitrariedades das penas, como acontece na legislação humana. Essa forma de punição respeita a igualdade dos homens perante as leis e a liberdade de escolha. Mas, insisto, se a lei natural não for justa com a vítima, a justiça de Deus estaria incompleta.

ANA

Estou de acordo com o Max. Sempre achei uma injustiça, por exemplo, uma pessoa ser roubada e a vítima, muitas vezes, não conseguir do ladrão o ressarcimento de todos os prejuízos causados pelo roubo e, ainda, ter que ajudar a sustentá-lo na prisão, por meio de impostos, embora o ladrão tenha perfeitas condições de trabalho. O sentimento que se tem, neste caso, é que a vítima foi lesada duas vezes.

Esse tipo de punição não é educativa, gerando o sentimento popular de que *"o crime compensa"*.

Sem a reparação do mal causado, a justiça humana é incompleta ou defeituosa.

PAULO

É verdade, Ana. Algumas pessoas costumam argumentar que o criminoso é uma vítima da sociedade. Resultado de um meio social de misérias, egoísmo e perversidade. Que, de alguma forma, precisa ser amparado pela sociedade.

Para aqueles que são materialistas e acreditam que nossas escolhas morais são, principalmente, determinadas pelo meio em que se vive, faz até sentido esse tipo de argumento. No entanto, cabe a quem produz esses argumentos explicar por que muitas outras pessoas que vivem nesses locais não se tornam, também, criminosos.

Por que o meio só seria capaz de determinar a conduta de alguns que lá vivem? Não raramente, muitas pessoas que vivem nesses ambientes socialmente degradantes se tornam belos exemplos de homens de bem.

Para os espíritas, entretanto, que acreditam no livre-arbítrio da alma, e que, portanto, aceitam que nossas escolhas morais são de nossa inteira responsabilidade, esse tipo de argumento não vale. Nenhum Espírito encarnado na Terra é uma tábula rasa em valores morais, cujas escolhas morais são determinadas apenas pelo meio em que se vive. O meio dificulta, ou favorece, as suas escolhas, mas não as determinam. Todos os Espíritos em provas e expiações na Terra são almas velhas, que já aprenderam, em muitas existências anteriores, o que deve e o que não deve ser feito. Por isso, quem comete um crime sabe bem que o está cometendo. Nunca sustenta com absoluta sinceridade que não sabia que praticou um ato criminoso. É, por isso, que ele procura fazê-lo de forma sorrateira, para evitar ser apanhado.

Claro que há atenuantes e agravantes e que, também, existem casos especiais que merecem um tratamento diferenciado. Mas, esses precisam de uma justificação racional.

É evidente, também, que precisamos, de alguma forma, ajudar o pecador no seu processo de transformação moral, levando em consideração que a justiça deve ser feita, com ele e com suas vítimas. Precisamos praticar o amor e a caridade para com todos. Mas, como o Renê já disse várias vezes, a lei de amor e de caridade, não dispensa a justiça. Está além dela, não aquém.

Somos os responsáveis por nossas escolhas morais, quer gostemos ou não disso. Se escapamos da justiça humana, não escaparemos da de Deus.

RENÊ

Vocês tocaram num ponto essencial da justiça divina: a necessidade absoluta da reparação do mal praticado. Essa necessidade de reparação do mal praticado, no conceito de justiça divina, só foi estabelecida pelo Espiritismo. As doutrinas religiosas tradicionais estabeleceram apenas a necessidade do castigo ou punição do pecador, propondo os lugares de punição da alma do pecador após a morte do corpo. Esquecendo-se das vítimas.

Vejamos como Kardec escreveu, como parte de um texto admirável chamado "Código Penal da vida futura", que utilizaremos como base para a nossa discussão sobre a necessidade da reparação de nossas faltas:[49]

> "A necessidade da reparação é um princípio de rigorosa justiça que se pode considerar como a verdadeira lei de reabilitação moral dos Espíritos. É uma doutrina que nenhuma religião proclamou ainda.
>
> Entretanto algumas pessoas a repelem, porque

---

49 O Céu e o Inferno, Primeira parte - doutrina - Capítulo VII - As penas futuras segundo o Espiritismo – Código penal da vida futura.

acchariam mais cômodo poder apagar suas más ações com um simples arrependimento, que custa apenas palavras, e com a ajuda de algumas fórmulas; elas podem acreditar que estão quites: verão mais tarde se isso lhes basta. Poder-se-ia perguntar-lhes se esse princípio não é consagrado pela lei humana, e se a justiça de Deus pode ser inferior à dos homens? Se elas se achariam satisfeitas com um indivíduo que, tendo-as arruinado por abuso de confiança, se limitasse a dizer que lamenta infinitamente. Por que recuariam perante uma obrigação que todo homem de bem reconhece ser seu dever cumprir, na medida das suas forças?

Quando essa perspectiva da reparação for inculcada na crença das massas, será um freio muito mais poderoso do que a do inferno e das penas eternas, porque se refere à atualidade da vida, e o homem compreenderá a razão de ser das circunstâncias penosas em que se acha colocado."

Atentem para a lucidez do texto de Kardec.

A necessidade da reparação é um "princípio de rigorosa justiça". Não há verdadeira justiça sem a reparação do mal praticado. Deus estabeleceu essa necessidade para todos os Espíritos. Não há como escapar dela.

Notem, também, que esse princípio de reparação funciona muito melhor do que a simples punição como instrumento de contenção e de educação do pecador. Sabendo este que não escapará das dificuldades inerentes ao processo de reparação, muito mais rápido aprenderá que o mal nunca compensa. Que o bem é o único caminho para a felicidade dele e de todos.

ANA

Fico imaginando como a necessidade da reparação, quando incutida nas massas, produzirá imensa transformação moral na Terra.

Tomemos o exemplo proposto pelo Max de um criminoso que assassina um pai de família. Já na Terra, com o mundo moralmente transformado, ele seria responsável por ajudar no sustento dessa família, utilizando para isso, provavelmente, a maior parte dos seus recursos conquistados com o seu próprio trabalho. Suas atividades, seu lazer, sua vida familiar, etc., ficarão fortemente dependentes dessa reparação.

Quanto de tempo e de abnegação na Terra ele terá que dispor para essa reparação!

Agora, imagine como o seu crime pode ter criado tantos ódios e animosidades. Comportamentos vingativos gerados, desejos e ações más de outras pessoas e Espíritos. Tudo consequência de seu ato criminoso e que precisará de sua reparação.

Como Espírito imortal que é, o criminoso compreenderá um dia que algumas de suas vidas futuras estarão comprometidas com a reparação do mal que resultou de seu crime. Quantas vidas de lutas! Quanto tempo para reparar o mal que praticou! Tempo que poderia ter sido usado na convivência com as pessoas amadas, no estudo, no aprimoramento intelectual e artístico, em mundos mais evoluídos do que um planeta de provas e expiações.

Cedo compreenderá que o mal não vale mesmo a pena. E que o bem é o único caminho para a felicidade de hoje e de amanhã.

PAULO

Concordo, Ana.

Renê, percebo que a reparação é absolutamente necessária para que haja verdadeira justiça. Mas, e se o pecador, como Espírito, não quiser reparar o mal que praticou? Você disse que o Espírito escolhe as provas que terá que passar, ocorre o mesmo com a reparação? O Espírito escolhe quando deverá reparar o mal que praticou? E se não quiser reparar, como a lei divina trataria desses casos?

RENÊ

A justiça divina propõe ao Espírito pecador três fases necessárias para que ele possa ficar quites com Deus e avançar em direção ao seu aperfeiçoamento moral. Essas três fases são definidas por Kardec da seguinte forma:[50]

> "O arrependimento é o primeiro passo para o aperfeiçoamento; mas sozinho não basta, é preciso ainda a expiação e a reparação.
>
> Arrependimento, expiação e reparação são as três condições necessárias para apagar os traços de uma falta e suas consequências.
>
> "O arrependimento suaviza as dores da expiação, dando esperança e preparando as

---

50 Idem.

> vias da reabilitação; mas somente a reparação pode anular o efeito, destruindo a causa; o perdão seria uma graça e não uma anulação."

O texto é claro e profundo. Além da reparação é necessário o arrependimento. Com o arrependimento, o Espírito toma consciência de que precisa reparar o mal que praticou. Por isso, escolherá uma existência em que deverá fazer a reparação. É uma obrigação dele para com a própria consciência.

Quanto mais tempo demorar para iniciar o processo de reparação, mais difíceis serão os caminhos necessários para anular os efeitos do mal que praticou. Foi por isso que Kardec afirmou: [51]

> "O arrependimento pode ocorrer em todo lugar e a qualquer tempo; se for tardio, o culpado sofre por mais longo tempo."

Ele sabe disso quando está na erraticidade, ao acompanhar a vida daqueles que prejudicou. Os efeitos do mal por ele praticado continuarão existindo, até que as causas sejam eliminadas. Não há outro caminho para a felicidade, sem uma vida de reparação. Em que consiste essa reparação? Kardec explicou:[52]

> "A reparação consiste em fazer bem àquele a quem se fez mal. Quem não repara suas faltas nesta vida, por impotência ou má vontade, encontrar-

---

51 Ibidem.
52 Ibidem.

> se-á, numa existência ulterior, em contato com as mesmas pessoas que tiveram queixas dele, e em condições escolhidas por ele mesmo, de maneira a poder provar-lhes sua dedicação, e fazer-lhes tanto bem quanto lhes fez mal."

Como deseja ser feliz – todos desejam – reconhece que isso só será possível quando estiver quite com a justiça de Deus.

Com certeza você perguntará: e para os Espíritos que não se arrependem do mal praticado, como atua a justiça de Deus?

O arrependimento surgirá necessariamente, cedo ou tarde. Pois todo mal praticado é punido com as expiações, na vida espiritual ou em existências corporais. As expiações, na forma de dores e sofrimentos, morais ou físicos, impelem o Espírito a buscar o porto do alívio e da salvação. Assim, explica ainda Kardec:[53]

> "A expiação consiste nos sofrimentos físicos e morais, que são a consequência da falta cometida, seja desde a vida presente, seja, após a morte, na vida espiritual, seja numa nova existência corpórea, até que os traços da falta sejam apagados."

Ninguém consegue viver com sofrimentos morais para sempre. Como já disse, todos desejam a felicidade. Por isso, afirma Kardec:[54]

---

53 Ibidem.
54 Ibidem.

> "Tendo sempre o Espírito seu livre-arbítrio, seu melhoramento é por vezes lento, e sua obstinação no mal muito tenaz. Ele pode persistir anos e séculos; mas chega sempre um momento em que sua teimosia em enfrentar a justiça de Deus se dobra diante do sofrimento, e em que, apesar de sua soberba, reconhece o poder superior que o domina. Assim que se manifestam nele as primeiras luzes do arrependimento, Deus lhe faz entrever a esperança."

Cansado dos próprios sofrimentos morais, o Espírito perceberá que o arrependimento é o primeiro passo para a suavização das dores da expiação.

Dado esse primeiro passo, ele receberá a ajuda necessária para fazer as escolhas das suas vidas futuras, de provas e expiações, e para enfrentar o caminho da reparação. Caminho este, muitas vezes, de grandes lutas e dificuldades, mas sabe que poderá contar sempre com a assistência dos Espíritos Bons e, em particular, do seu anjo guardião.

PAULO

Entendo. E com aquelas faltas ou imperfeições que prejudicam apenas o pecador? O que acontece com a reparação daqueles defeitos morais que não causam um mal grave e efetivo a ninguém? Como exemplos, nossa preguiça, nossa grosseria, nossa arrogância, nossa má vontade, etc., defeitos morais que muitas vezes não produzem males diretos ao nosso próximo.

RENÊ

Primeiramente, é importante deixar claro que todas as nossas imperfeições são fontes de dores e sofrimentos. Essas imperfeições se expressam em nós por meio de nossos pensamentos, sentimentos e desejos. São os pensamentos, sentimentos e desejos contrários ao bem, ou seja, em oposição às leis de Deus. Leis que foram por Kardec e pelos Espíritos Superiores sintetizadas numa única lei moral: a lei de justiça, de amor e de caridade.

O espírita deve estudar as leis morais para saber como identificar em si os pensamentos, sentimentos e desejos que são contrários às leis de Deus. Por esse caminho ele encontrará os meios mais eficientes de eliminar suas imperfeições e caminhar em direção ao estado de Espírito Puro ou Perfeito. Como já comentamos, Deus deu a todos os homens a inteligência necessária para saber fazer a distinção entre o bem e o mal, tendo Jesus como modelo e guia.

Enquanto formos Espíritos Imperfeitos seremos infelizes e sofreremos as consequências das nossas imperfeições. Foi por isso que Kardec começou esse texto notável, o qual estamos citando várias vezes, com esse primeiro artigo:[55]

> "A alma ou o Espírito sofre, na vida espiritual, as consequências de todas as imperfeições de que não se despojou durante a vida corporal. Seu estado, feliz ou desgraçado, é inerente ao grau de sua purificação ou de suas imperfeições."

---

55 Ibidem.

Para não deixar dúvidas sobre a importância de eliminarmos todas as nossas imperfeições, e não apenas aquelas que consideramos as piores e que produzem um grande mal para os outros, Kardec acrescenta:

> "A alma que tem dez imperfeições, por exemplo, sofre mais do que a que tem só três ou quatro; quando dessas dez imperfeições, não lhe restar senão um quarto ou a metade, ela sofrerá menos, e quando não lhe restar nenhuma, não sofrerá mais e será perfeitamente feliz. Tal como, na terra, aquele que tem várias doenças sofre mais do que o que só tem uma, ou nenhuma. Pela mesma razão, a alma que possui dez qualidades tem mais gozos do que a que tem menos qualidades."

Em segundo lugar, Paulo, agora respondendo diretamente à sua pergunta, a reparação dessas imperfeições que causam poucos prejuízos aos outros deve ser realizada da seguinte forma:

> "Fazendo o que se devia fazer e que não se fez, cumprindo os deveres que foram negligenciados ou ignorados, as missões nas quais se falhou; praticando o bem contrário ao que se fez de mal: isto é, sendo humilde se foi orgulhoso, terno se foi duro, caridoso se foi egoísta, benevolente se foi malevolente, laborioso se foi preguiçoso, útil se foi inútil, temperante se foi dissoluto, um bom exemplo se deu mau exemplo, etc. É assim que o Espírito progride tirando proveito de seu passado."[56]

---

56 Ibidem.

ANA

Fiquei pensando, se todo o mal que sofremos é uma consequência das nossas imperfeições, não seria melhor que Deus nos tivesse já criado sem esses defeitos que nos levam à prática do mal? Como é demorado o processo de eliminarmos essas imperfeições! Não poderia Deus ter evitado esse nosso longo percurso nos criando perfeitos?

RENÊ

Logicamente, poderia, uma vez que ele é onipotente. Mas, se não o fez, é que essa é a melhor e mais lógica escolha Dele, caso contrário, não seria Deus. Claro que temos o direito, e nossa razão costuma nos cobrar, de tentar encontrar as razões das escolhas divinas. Na pior das hipóteses, isso seria sempre um bom exercício de argumentação para a alma.

Já tratamos dessa questão antes, quando discutimos o que significa a palavra *perfeição*.[57] Lembram?

Vou apenas acrescentar que, uma vez que Deus nos criou todos iguais, simples e ignorantes e com liberdade de escolha, Ele nos deu o mérito de nossas próprias conquistas. Somos os construtores de nós mesmos, com todas as consequências. Nossa felicidade estará sempre em nossas próprias mãos. Não consigo imaginar nada mais justo e bom!

ANA

Sim, me recordo agora daquilo que já discutimos em nosso

---

57 Veja o livro Espírito e Matéria dessa mesma Editora Nobiltà..

encontro anterior. Na verdade, essa minha questão foi apenas um desabafo. Às vezes nos sentimos tão fracos que gostaríamos de ganhar a felicidade sem esforços.

PAULO

Sei o que é esse sentimento. Tem horas que queremos "jogar a tolha" e entregar a partida.

RENÊ

É verdade. Esse sentimento é o resultado das nossas imperfeições e escolhas passadas. E, algumas vezes, é o resultado da influência dos Espíritos Inferiores que querem nos desanimar e atrasar o nosso progresso espiritual. Nunca nos entreguemos a esses pensamentos e sentimentos. Não podemos nos permitir estacionarmos nessa faixa da dúvida e do desânimo.

Para enfrentarmos esses pensamentos e sentimentos precisamos nos colocar num ponto de vista mais elevado, o da vida espiritual. Somos Espíritos imortais, criados para atingirmos a perfeição e nos libertarmos das vidas materiais. Quando olhamos a vida terrena segundo esse ponto de vista espiritual, nossos sofrimentos e dificuldades se nos apresentam tão pequenos e de curta duração. O tempo na vida material passa a ser irrelevante. O que são alguns séculos de lutas nas faixas da matéria comparados com a eternidade que nos aguarda? O que permanecerá para sempre é o que importa.

Como já observamos anteriormente, aprendendo a cultivar a virtude da resignação, saberemos viver alegremente, mesmo durante esse curto período das vidas materiais. Aceitar alegremente as próprias escolhas e vivê-las da melhor forma possível, é um dos principais segredos para uma vida mais feliz desde agora.

Apesar das dificuldades naturais da vida na Terra, não podemos deixar de perceber também o quanto a Natureza nos propicia de prazeres e alegrias. A maior parte das vezes, muitos de nós temos na Terra uma vida feliz. Saibamos agradecer a Deus e seguir adiante para o grande futuro que nos aguarda.

Agora, se não há mais questões e dado o avançar das horas, podemos tratar do último tema proposto pelo Paulo sobre o Controle Universal do ensino dos Espíritos.

PAULO

Sim. Esse assunto sempre me incomodou. É possível nos dias de hoje aplicar esse critério da concordância universal do ensino dos Espíritos? Mesmo que fosse possível, como aceitar que a opinião da maioria deva ser a opinião verdadeira? Temos tantos exemplos nas ciências que mostram que a verdade muitas vezes não esteve de acordo com a opinião geral, mas apenas com o ponto de vista de uns poucos homens que viram além do seu tempo.

ANA

Paulo, ainda não consigo entender o que você está dizendo. Que critério é esse que você chamou de "Controle Universal do ensino dos Espíritos"?

PAULO

Desculpe-me, Ana. Esqueci de que essa terminologia tem um significado próprio apenas para aqueles que conhecem esse tema nas obras de Kardec. Tal controle diz o seguinte: um ensinamento de um Espírito, para ser aceito como verdadeiro, precisa ter a concordância da maioria dos Espíritos. Assim, seria a opinião da maioria dos Espíritos o critério para a verdade de um ensinamento dos Espíritos.

ANA

Que é isso Paulo? Uma verdade agora depende de votação? Se a maioria disser a mesma coisa, então aí estaria a verdade? Não, não. Isso me parece um absurdo!

RENÊ

Não é bem assim que Kardec formulou esse princípio do "Controle universal do ensino dos Espíritos". Sua formulação desse princípio encontra-se na obra "O Evangelho segundo o Espiritismo". Não temos tempo hoje para examinarmos todo o texto de Kardec sobre isso. Vamos, por agora, nos ater apenas aos dois passos fundamentais que ele apresenta sobre como aplicar esse princípio aos ensinos dos Espíritos.

O **primeiro passo** para a aplicação do princípio foi definido por Kardec da seguinte maneira:

> "O primeiro exame comprobativo é, pois, sem contradita, o da razão, ao qual cumpre se submeta, sem exceção, tudo o que venha dos Espíritos. Toda teoria em manifesta contradição com o bom-senso, com uma lógica rigorosa e com os dados positivos já adquiridos, deve ser rejeitada, por mais respeitável que seja o nome que traga como assinatura."[58]

58 O Evangelho segundo o Espiritismo - Introdução
- II - Autoridade da doutrina Espírita.

OS ESPÍRITOS E OS HOMENS

Fica claro que, primeiramente, deve ser submetido ao controle da razão tudo que venha dos Espíritos, não importa quantos Espíritos tenham dito a mesma coisa. Não é a opinião da maioria que vai decidir se um ensinamento dos Espíritos é verdadeiro ou falso. Cabe submeter tudo ao controle da razão. E para deixar claro o que esse controle da razão significa, Kardec explica ao dizer que toda teoria em contradição com o bom-senso, com a lógica e com aquilo que já foi provado anteriormente com dados positivos, deve ser rejeitada.

Esse é o primeiro passo. Agora, após passar por esse primeiro crivo, um ensino novo dos Espíritos deve passar pelo **segundo passo**, formulado por Kardec da seguinte maneira:

> "Uma só garantia séria existe para o ensino dos Espíritos: a concordância que haja entre as revelações que eles façam espontaneamente, servindo-se de grande número de médiuns estranhos uns aos outros e em vários lugares."[59]

Talvez seja esse segundo passo do princípio que tenha gerado a confusão naquilo que Paulo disse anteriormente.

Ou seja, um novo ensinamento dos Espíritos, que não entre em contradição com a lógica e com aquilo que já esteja bem fundamentado, deverá ser aceito se passar por esse segundo passo da concordância entre o que os Espíritos disseram.

Observe as condições para se aceitar uma nova revelação que não seja contraditória com a lógica e com o

---

59 Ibidem.

já estabelecido: é preciso que a revelação seja espontânea e que surja por meio de médiuns estranhos uns aos outros e em vários lugares diferentes.

Condições que foram cumpridas no tempo de Kardec, mas muito difíceis de controlar nos dias de hoje, dada a forma de disseminação muito rápida e fácil por meio da Internet.

Resumindo, podemos dizer o seguinte:

O princípio do "Controle Universal do ensino dos Espíritos" tem duas partes.

A primeira parte é de responsabilidade exclusiva dos homens. Cabe a cada um de nós submeter tudo o que venha dos Espíritos ao controle da razão. Não aceitando nenhum ensino que entre em contradição com a lógica e com aquilo que esteja muito bem fundamentado na razão e nos fatos.

A segunda parte é de responsabilidade exclusiva dos Espíritos. Cabe a eles ditar espontaneamente, por meio de médiuns estranhos uns aos outros e de vários lugares diferentes, um ensinamento novo. Não temos nenhum meio de saber se isso acontecerá, nem quando poderá acontecer.

Quanto ao primeiro passo, podemos aplicá-lo sempre, pois só depende de cada um de nós. Todos podemos usar da razão e da lógica.

Quanto ao segundo passo, por depender exclusivamente dos Espíritos, pois se exige que as comunicações sejam espontâneas, nada podemos fazer além de aguardarmos, caso tal revelação aconteça, nas condições exigidas. Mas, uma vez que tal comunicação tenha surgido, devemos aplicar a ela o primeiro passo do princípio.

OS ESPÍRITOS E OS HOMENS

Veja a importância desse primeiro passo do princípio, ele deve ser aplicado sempre a tudo o que venha dos Espíritos. É, portanto, esse primeiro passo do princípio que dará a palavra final se devemos ou não aceitar como verdadeiro um novo ensinamento dos Espíritos. Não é a opinião da maioria dos Espíritos que decide.

ANA

Agora ficou bem claro. Nunca aceitaria que a verdade dependesse da opinião da maioria. No entanto, seria possível você formular algum exemplo que nos levaria a aplicar esse princípio?

RENÊ

Temos um exemplo que já discutimos no nosso encontro anterior: a proposta de órgãos no perispírito. Muitos livros mediúnicos diferentes, obtidos por vários médiuns diferentes, em épocas diferentes, propuseram a existência de órgãos no perispírito.[60] Esses livros apresentam o perispírito como uma cópia do corpo físico, ou melhor, seria o corpo físico uma cópia do perispírito. Para esses livros, e esses Espíritos que os ditaram, o perispírito seria um organismo com diversos órgãos, como acontece com o nosso corpo físico.

Não vamos examinar aqui se essas comunicações obedeceram rigorosamente a todas as exigências do segundo passo do princípio do controle universal. Isto é, não vamos examinar se foram mesmo comunicações

60 Veja o livro "Espírito e Matéria", desta mesma Editora Nobiltà.

espontâneas dadas a médiuns estranhos uns aos outros e que não conheciam a produção uns dos outros.

Mesmo supondo que todas as condições do passo segundo tenham sido cumpridas, ao aplicarmos o passo primeiro do princípio do controle universal, devemos rejeitar esse ensinamento desses Espíritos como verdadeiro. Não há órgãos no perispírito, pois essa afirmativa foi provada verdadeira por Kardec e pelos Espíritos que participaram de suas obras, com argumentos bem fundamentados e com fatos sobre como vivem os Espíritos no mundo espiritual.[61]

Ou seja, a proposta de que o perispírito é um organismo com órgãos, mesmo tendo sido apresentada por vários Espíritos por meio de diferentes médiuns, deve ser rejeitada. Ela entra em contradição com a lógica e com os dados positivos já estabelecidos por meio de argumentos e fatos apresentados por Kardec em suas obras.

...

Infelizmente nosso tempo acabou.

Novamente, foi uma grande alegria estarmos juntos nesses dois dias de estudos e convivência fraterna. Só temos que agradecer a Deus por essa nova oportunidade. Muito obrigado, amigos queridos, e que possamos nos abraçar muitas outras vezes.

Até lá!

---

61 Na obra "Espírito e Matéria" apresentamos vários argumentos de Kardec nas suas obras contra essa proposta de órgãos no perispírito.

COLEÇÃO
Filosofia Espírita

> Ideal para estudantes de filosofia, de ciências humanas e sociais, professores universitários, instrutores da doutrina espírita, grupos de estudos e casas espíritas que aprofundam o estudo da obra e pensamento de Allan Kardec.

**KIT DE ESTUDO
LEVE 17 E PAGUE 15**

TEMAS DIVERSOS DA FILOSOFIA ESPÍRITA

Resumo: Este Kit contém os 17 DVDs principais que compõem **A COLEÇÃO COMPLETA FILOSOFIA ESPÍRITA**. São 17 seminários de aproximadamente 60 minutos cada em que Cosme Massi explica temas da *FILOSOFIA CLÁSSICA* e *MODERNA*, em especial da filosofia moral, relacionados ao Espiritismo. Utilizando contribuições de grandes filósofos como Descartes, Espinoza, Pascal, Kant, Hume, etc., esse conteúdo mudará sua forma de entender a vida e contribuirá para uma compreensão mais profunda do pensamento Kardequiano.

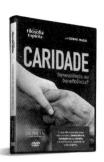

DVD
A CARIDADE NA VISÃO ESPÍRITA
Autor: Cosme Massi
Resumo: Uma nova abordagem: Por que a caridade resume todos os deveres do Homem para com seu próximo? E como ela se relaciona com as três faculdades fundamentais do indivíduo: pensamento, sentimento e vontade.

COLEÇÃO *Filosofia Espírita*

DVD
O ESPIRITISMO É UMA RELIGIÃO?
Autor: Cosme Massi
Resumo: Analisa o conceito de religião, procurando responder à pergunta "O ESPIRITISMO É UMA RELIGIÃO?", seguindo os textos de Allan Kardec.

DVD
DESEJO E VONTADE
Autor: Cosme Massi
Resumo: O que é o DESEJO e a VONTADE na filosofia e moral espírita? O papel desempenhado pelo desejo e pela vontade no progresso moral da alma. Como utilizar a vontade para vencer as más inclinações e dominar as paixões?

DVD
ESTUDO DO PREFÁCIO DE O EVANGELHO SEGUNDO O ESPIRITISMO
Autor: Cosme Massi
Resumo: Neste DVD, Cosme Massi explica a mensagem do Espírito de Verdade que resume o verdadeiro caráter do Espiritismo e o o objetivo desta grandiosa obra.

COLEÇÃO *Filosofia Espírita*

DVD
A FELICIDADE NA VISÃO ESPÍRITA
Autor: Cosme Massi
Resumo: Apresenta o conceito espírita de felicidade e analisa as principais características da felicidade dos Espíritos Bons.

DVD
LIBERDADE E LIVRE-ARBÍTRIO
Autor: Cosme Massi
Resumo: O que é o livre-arbítrio na visão Espírita e a sua relação com o princípio da "não-retrogradação" da alma.

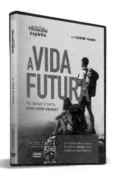

DVD
A VIDA FUTURA
Autor: Cosme Massi
Resumo: Para onde vamos? Um comparativo entre a resposta dada pelo Espiritsmo e a resposta dada por outras doutrinas espiritualistas

DVD
VIRTUDES: HUMILDADE E TOLERÂNCIA
Autor: Cosme Massi
Resumo: Analisa as principais características dessas duas virtudes tanto do ponto de vista da filosofia moral quanto do Espiritismo.

DVD
JESUS NA VISÃO ESPÍRITA
Autor: Cosme Massi
Resumo: Quem é Jesus na visão Espírita? Espírito puro, Espírito de Verdade, guia e modelo da humanidade.

DVD
VIRTUDES: PRUDÊNCIA E MODERAÇÃO
Autor: Cosme Massi
Resumo: O que é prudência? O que é moderação? As relações entre essas virtudes e a conquista do equilíbrio na vida material e moral.

DVD
PROVAS E EXPIAÇÕES
Autor: Cosme Massi
Resumo: O que é expiação? O que são provas? As relações entre provas e expiações, causas anteriores e atuais dos sofrimentos e aflições.

DVD
A LÓGICA DA ENCARNAÇÃO
Autor: Cosme Massi
Resumo: A lógica do processo de reencarnação. Objetivos, necessidades e limites da encarnação e o esquecimento do passado.

COLEÇÃO *Filosofia Espírita*

COLEÇÃO *Filosofia Espírita*

DVD
VIRTUDES: JUSTIÇA E AMIZADE
Autor: Cosme Massi
Resumo: O que é justiça?
Os conceitos de legalidade e equidade.
Por que mesmo sendo justos ainda
precisamos da amizade?

DVD
O CÉU E O INFERNO:
ESPERANÇAS E CONSOLAÇÕES
Autor: Cosme Massi
Resumo: Apresenta uma análise inédita
da estrutura da obra de Kardec "O céu
e o Inferno" e sua importância para a
compreensão do Espiritismo.

DVD
MEDIUNIDADE E MORAL
Autor: Cosme Massi
Resumo: Analisa os principais tipos de
mediunidade e suas relações com o
desenvolvimento moral do médium.

DVD
A EFICÁCIA DA PRECE
Autor: Cosme Massi
Resumo: Apresenta os principais
fundamentos da prece segundo
o Espiritismo, sua qualidade,
importância e eficácia.

COLEÇÃO
Compreender Kardec

A **Coleção Compreender Kardec** é uma contribuição ao entendimento dos admiráveis livros de Kardec. Destacar sua lógica, apresentar sua ordem didática, aprofundar seus capítulos e itens serão os nossos maiores desafios ao longo dessa coleção. Começamos com o primeiro e mais importante: O Livro dos Espíritos.

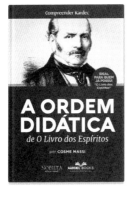

A ORDEM DIDÁTICA DE O LIVRO DOS ESPÍRITOS.

AUTOR COSME MASSI

Sobre a obra O Livro dos Espíritos: a ordem didática dos diversos capítulos e análise da Introdução ao Estudo da Doutrina Espírita.

COLEÇÃO *Compreender Kardec*

KIT DE ESTUDO 1 AO 27

Autor: Cosme Massi
Resumo: Coleção de O Livro dos Espíritos com 27 DVDs para estudos.

KIT DE ESTUDO 1 AO 6

Autor: Cosme Massi
Resumo: DVD 1 ao 6 sobre temas como "Índice da obra de *"O Livros dos Espíritos"*, introdução da obra de "O Livro dos Espíritos", Deus, Elementos Gerais, Criação e Princípio Vital.

KIT DE ESTUDO 7 AO 13

Autor: Cosme Massi
Resumo: Coleção de DVDs Vol. 7 ao 13, sobre a Segunda parte da obra *"O Livro dos Espíritos"*.

DVD VOL. 52
FACULDADE, QUE TÊM OS ESPÍRITOS, DE PENETRAR OS NOSSOS PENSAMENTOS

Resumo: Analisa os itens 456 a 458. Podem os Espíritos ver tudo o que fazemos? A capacidade dos Espíritos de conhecer nossos pensamentos.

DVD VOL. 53
INFLUÊNCIA OCULTA DOS ESPÍRITOS EM NOSSOS PENSAMENTOS E ATOS

Resumo: Analisa os itens 459 a 464. Influência dos Espíritos nos nossos pensamentos e atos. Como distinguir os nossos pensamentos dos que nos são sugeridos.

DVD VOL. 54
COMO NEUTRALIZAR A INFLUÊNCIA DOS MAUS ESPÍRITOS

Resumo: Analisa os itens 465 a 472. Finalidade da influência dos Espíritos. Como neutralizar a influência dos maus Espíritos.

DVD VOL. 55
POSSESSOS

Resumo: Analisa os itens 473 a 480. O sentido do termo possessão. A obsessão e a possessão. Como combater a obsessão.

COLEÇÃO *Compreender Kardec*

DVD VOL. 56
CONVULSIONÁRIOS
Resumo: Analisa os itens 481 a 483. O papel dos Espíritos no fenômenos dos convulsionários. A insensibilidade física de alguns convulsionários.

DVD VOL. 57
AFEIÇÃO DOS ESPÍRITOS POR CERTAS PESSOAS
Resumo: Analisa os itens 484 a 488. A afeição dos Espíritos por certas pessoas. Os Espíritos são sensíveis às nossas afeições?.

SABEDORIA ESPÍRITA APRENDENDO A VIVER MELHOR COM ALLAN KARDEC

Resumo: Esta obra apresenta a resposta do Espiritismo às três questões fundamentais da Filosofia: O que podemos saber? O que devemos fazer? O que nos é lícito esperar?

Todas as obras de Allan Kardec em uma plataforma GRATUITA.

www.**KARDECPEDIA**.com

A **KARDECPEDIA** pertence ao Instituto de Divulgação Espírita Allan Kardec.

O **IDEAK** é uma Associação Espírita sem fins lucrativos criada com o objetivo de divulgar para o mundo o Espiritismo, segundo o pensamento e as obras de Allan Kardec.

Para saber mais, acesse:
www.**IDEAK**.com.br

Dezenas de vídeos para estudar e aprender Espiritismo, com o pensamento e a obra de Allan Kardec.

KARDEC EM VÍDEO **ASSISTA ONDE QUISER** **DEZENAS DE VÍDEOS** **ASSINATURA ECONÔMICA**

Estude a obra de KARDEC em vídeo. Acesse:

www.kardecplay.com

ou Ligue: +55 (41) 3076 5111

Um projeto do IDEAK • Instituto de Divulgação Espírita Allan Kardec (entidade sem fins lucrativos).

PROJETOS

www.**kardecpedia**.com

www.**kardecplay**.com

www.**kardecbooks**.com

Caso tenha encontrado algum erro, de quaisquer ordem, ou caso queira deixar sua sugestão sobre esta ou outras obras **KARDEC Books by Nobiltà,** favor encaminhar uma mensagem para:
contato@nobilta.com.br

Sua crítica é fundamental
para o melhor andamento de nossos
trabalhos. Bons estudos.
A Editora.

Impresso por :

gráfica e editora

Tel.:11 2769-9056